# Was wir ESSEN

**MARTYN BRAMWELL**
unter Mitarbeit von
CATRIONA LENNOX

**Dorling Kindersley**
London, New York, München, Paris

Dorling Kindersley

**Projektbetreuung** Jane Yorke
**Bildredaktion** Marcus James
**Lektorat** Fran Jones
**Cheflektorat** Sue Grabham
**Leitung Bildlektorat** Julia Harris
**Bildrecherche** Samantha Nunn
**Herstellung** Kate Oliver und Chris Avgherinos
**DTP-Design** Nomazwe Madonko

Die Deutsche Bibliothek – CIP-Einheitsaufnahme

Ein Titeldatensatz für diese Publikation ist bei Der Deutschen Bibliothek erhältlich.

Titel der englischen Originalausgabe:
Food Watch


Gedruckt auf 100% chlorfrei gebleichtem Papier
In neuer Rechtschreibung

**Übersetzung** Dr. Michael Schmidt
**Satz** Berthold Bell
**Redaktion** Christine Baur

**Druck und Bindung** L.E.G.O., Italien

ISBN 3-8310-0087-5

Besuchen Sie uns im Internet
**www.dk.com**

# Inhalt

# Einführung

Viele von uns setzen sich an einen reich gedeckten Tisch, ohne sich Gedanken darüber zu machen, woher ihre Nahrung kommt. In anderen Ländern müssen jedoch Millionen von Menschen hungern. Die wachsende Weltbevölkerung mit genügend Nahrung und sauberem Wasser zu versorgen – das sind zwei der größten Probleme, vor denen Politik und Wissenschaft heute stehen.

In den hoch entwickelten Ländern profitieren die meisten Bauern von fruchtbaren Böden und mildem Klima und haben ein ausreichendes Einkommen, das sie in Maschinen, Qualitätssaatgut sowie Pestizide und Dünger zur Verbesserung ihrer Ernteerträge investieren können. Oft wird mehr produziert, als Bedarf da ist – allerdings auf Kosten der Umwelt. Intensiver Landbau und der übermäßige Einsatz von Chemikalien können das Land und die Flüsse verschmutzen und vertreiben die wilden Pflanzen, Insekten, Vögel und andere Tiere, die das Land bewohnen.

Ganz anders in den Entwicklungsländern: Hier können Millionen von Bauern kaum von den Erträgen der unfruchtbaren Böden leben. Manche Regionen werden von Dürre oder Überschwemmungen heimgesucht. Viele Menschen verlassen das Land, das sie nicht ernähren kann. Dadurch entstehen weitere Probleme. In übervölkerten Slums gibt es oft nur verschmutztes Wasser und unzulängliche sanitäre Anlagen; Arbeitslosigkeit, Krankheiten sowie mangelnde Bildung und Erziehung kommen hinzu. Aber ohne Arbeit können die Armen dieser Welt keine Nahrung kaufen.

Doch für einige dieser Probleme gibt es bereits Lösungen. Wissenschaftler entwickeln neue Pflanzensorten, die gegen Krankheiten resistent sind oder Dürren überleben. Zerstörte Böden werden durch Bewässerung wieder fruchtbar gemacht. Viele Bauern sind umweltbewusster, und einige betreiben ökologischen Landbau. Zentrale Probleme, etwa die Gentechnik, sind jedoch unter Experten umstritten. Dieses Buch zeigt die verschiedenen Standpunkte und vermittelt ein klares Bild davon, was auf dem Spiel steht.

» Weltweit wird so viel produziert, dass alle satt werden könnten; doch diese Nahrung und die entsprechende Technologie erreichen nicht immer die, die sie brauchen. «

NAFIS SADIK, EXEKUTIVDIREKTORIN DES UNFPA-BEVÖLKERUNGSFONDS

Angesichts der Weltnahrungskrise mag uns ein Gefühl der Ohnmacht überkommen. Aber jeder Einzelne kann etwas bewirken. Dieses Buch enthält Vorschläge, wie ihr aktiv werden könnt. Experimente veranschaulichen euch manch wissenschaftliches Problem, und Tagebuchauszüge schildern die Arbeit von Experten vor Ort. In Briefen bringen junge Menschen aus aller Welt ihre Sorge um die Umwelt zum Ausdruck. Wenn wir jetzt handeln, können wir dazu beitragen, die Zukunft unserer Erde und die Ernährung ihrer Bewohner zu sichern.

# NAHRUNG FÜR DIE WELT

WELTWEIT PRODUZIEREN DIE BAUERN SO VIEL NAHRUNG, DASS ALLE SATT WERDEN KÖNNTEN. ABER SIE ERREICHT NICHT IMMER JENE, die sie am dringendsten brauchen. Die Menschen in reichen Ländern sind überversorgt, während sie in Entwicklungsländern nicht genug bekommen. Angesichts des Wachstums der Weltbevölkerung müssen wir dafür sorgen, dass die Menschen überall ausreichend Nahrung erzeugen

» Das Recht auf Nahrung ist das grundlegendste Menschenrecht. «

JACQUES DIOUF,
GENERALDIREKTOR DER FAO

Die meisten Menschen in den entwickelten Ländern haben genug zu essen und können – wie diese Marktkunden auf Madeira (großes Bild) – aus einem reichen Angebot an frischer, gesunder Nahrung auswählen. Im Not leidenden Somalia bietet sich ein ganz anderes Bild. Dieses unterernährte Kind (links) bekommt am Tag nur eine Mahlzeit – einen dünnen Maismehlbrei – aus Lieferungen internationaler Hilfsorganisationen.

# *Hungriger* Planet

Drei Babys werden in jeder Sekunde geboren, und jedes Jahr wächst die Weltbevölkerung um fast 80 Millionen. All diese Menschen müssen essen. In reichen Ländern stehen gesunde Lebensmittel in großer Auswahl zur Verfügung. Gleichzeitig hungern Millionen von Menschen in den Entwicklungsländern, weil sie sich nicht selbst versorgen können und zu arm sind, um Nahrung zu kaufen. Eine bessere Ausbildung, neue Jobs und höhere Einkommen sind die Voraussetzungen dafür, unsere Erde von Armut und Hunger zu befreien. Zudem müssten Ackerland und Wasserressourcen besser genutzt werden.

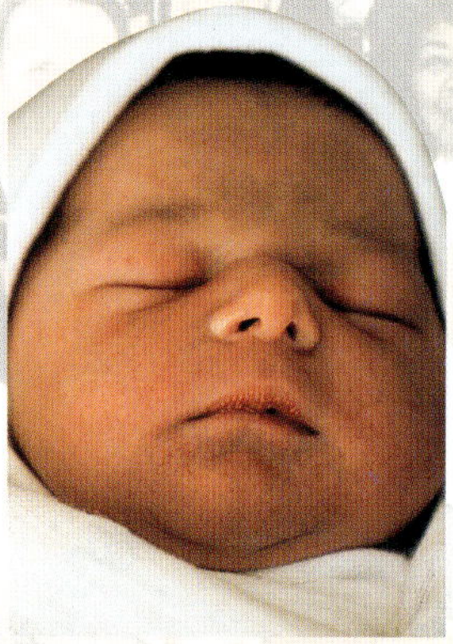

## Kind der Hoffnung

Dieser Junge wurde im Oktober 1999 im zerbombten Sarajevo geboren. Die UNO erklärte ihn zum sechsmillionsten Erdenbürger – Symbol der Hoffnung auf eine Zukunft ohne Krieg, Armut und Hunger.

## Freitisch

In vielen Entwicklungsländern sorgen Schulen und kirchliche Organisationen dafür, dass junge Menschen anständig ernährt werden. Diese Schulkinder im indischen Westbengalen bekommen in der Schule ein Reis- und Gemüsegericht. Wichtig ist auch, den Müttern klar zu machen, dass kräftige, gesunde Kinder Hygiene und gute Ernährung brauchen.

Reis bildet die Grundlage der meisten asiatischen Gerichte.

## Nahrungsquellen

Auf der ganzen Welt werden Pflanzen als Nahrungsmittel oder als Futter für Tiere angebaut, die wiederum wegen ihres Fleisches gehalten werden. Eine ausgewogene Ernährung sollte die für ein gesundes Wachstum notwendigen Kohlehydrate, Proteine, Vitamine und Mineralien enthalten.

**Getreide**

Weizen, Reis und Mais sind die Hauptenergielieferanten für die meisten Menschen.

## Eine Mahlzeit am Tag

In den heißen, trockenen Regionen Afrikas gibt es nicht genug Feuerholz. Diese Frau kocht über einem offenen Feuer, aber inzwischen werden in vielen Gegenden einfache Öfen eingeführt. Sie nutzen den knappen Brennstoff wirkungsvoller, verbessern damit das Leben der Menschen und schaden der Umwelt weniger.

## Supermarktangebot

Ein Supermarkt führt etwa 40 000 verschiedene Lebensmittel. Darunter sind nur wenige heimische Produkte – die meisten stammen aus dem Ausland, von frischem Obst bis zu gefrorenen Produkten und Konserven. Sie benötigen Energie für den Transport und die Kühlung. Heute reagieren viele Supermärkte auf die Nachfrage nach heimischen Biolebensmitteln.

**»Ich bin überzeugt, dass wir irgendwann im nächsten Jahrhundert eine Welt ohne Hunger haben werden.«**

JACQUES DIOUF,
GENERALDIREKTOR DER FAO, 1999

## Stoppt die Verschwendung

Wettessen machen Spaß, aber nur reiche Menschen in entwickelten Ländern können sich die Verschwendung von Essen leisten. Täglich werden Tonnen von überschüssiger Nahrung und Verpackungsmaterial weggeworfen – ein kostspieliges und schwer zu lösendes Problem.

**Obst und Gemüse**
Frisches Obst und Gemüse liefern wertvolle Vitamine und Mineralien.

**Geflügel**
Geflügel wird wegen der Eier und des Fleisches gehalten.

**Fische**
Das Meer liefert uns Fische und Schalentiere. Einige Arten werden gezüchtet.

**Vieh**
Rinder werden wegen ihres Fleisches, Kühe wegen ihrer Milch gehalten.

# Unsichere

**B**auern in den reichen und fruchtbaren Regionen der Welt haben Glück – sie können reichlich Nahrung produzieren. Auch wenn ihre Ernte nicht sofort benötigt wird, kann sie konserviert und später verkauft werden. Doch oft wandert überschüssige frische Nahrung auf den Müll, weil man sie gerade nicht braucht. Bauern in den ärmsten Ländern der Welt dagegen kämpfen mit unfruchtbaren Böden und Wassermangel. Bleibt ihre kärgliche Ernte aus, haben sie kein Geld, um importierte Nahrung zu kaufen. Damit diese Bauern sich selbst versorgen können, vermittelt ihnen der Staat Methoden zur besseren Nutzung des Landes.

**Magere Ernte**
In vielen Entwicklungsländern erzielen die Bauern auf trockenen, unfruchtbaren Böden nur schlechte Ernten. Düngemittel sind zu teuer, und viele Bauern sind auf Hilfslieferungen aus dem Ausland angewiesen. Weil es an Geld fehlt, erfolgt die Landarbeit ohne Maschinen.

## Die Bauern könnten mehr Nahrung produzieren und zugleich die Umwelt schützen.

**Reiche Ernte**
Eine Rekordernte von Paprika ergießt sich in den Anhänger hinter einer Erntemaschine auf einer Farm in Kalifornien. Mit intensivem Anbau lassen sich sehr hohe Erträge erzielen. Der Boden wird durch Düngemittel fruchtbarer gemacht, und Chemikalien schützen vor Schädlingen und Pflanzenkrankheiten. Solche Ernten bringen Gewinne, die der Bauer zum Kauf teurer Erntemaschinen und landwirtschaftlicher Chemikalien benötigt.

# Ernte

## Lagerprobleme

In Teilen von Afrika wird bis zu einem Viertel des gespeicherten Korns von Schimmel, Käfern und Nagetieren vernichtet. Nur in solchen erhöhten Maisspeichern können die Bauern in KwaZulu-Natal in Südafrika ihre kostbare Maisernte lagern. Internationale Hilfsprogramme unterstützen sie beim Bau besserer Speicher.

**Bessere Speicher könnten jährlich über 30 Millionen Tonnen Getreide retten.**

**Schädliche Nager**
Ratten und Mäuse fressen alljährlich Tonnen von gespeichertem Getreide.

## Konservierung

In entwickelten Ländern gibt es viele Konservierungsmethoden, um Nahrung haltbar zu machen. Dank der Lebensmittelverarbeitungs- und -verpackungsindustrie können Supermärkte ihre Regale das ganze Jahr füllen und die Produzenten ihre Ware exportieren.

**Einmachen**
Eingelegte Tomaten, Gewürzgurken, sogar Eier halten sich lange in luftdichten Gläsern.

**Einfrieren**
Obst und Gemüse, wie diese Erbsen, werden Stunden nach der Ernte gewaschen, eingefroren und verpackt.

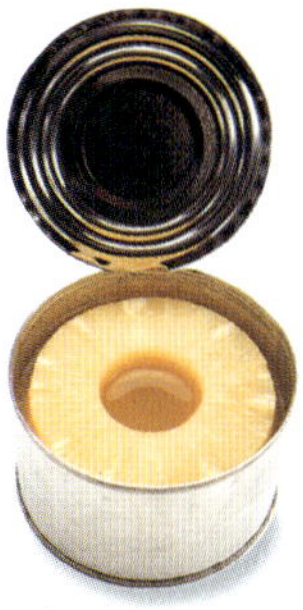

**Eindosen**
Obst, Fisch, Bohnen und andere Lebensmittel halten sich jahrelang in Dosen.

**Räuchern**
Seit Jahrtausenden konservieren die Menschen Fisch und Fleisch durch Räuchern.

**Trocknen**
Sonnen- oder maschinengetrocknete Früchte bewahren ihr Aroma und ihren Nährwert.

## Verschwendung

Die moderne Landwirtschaft produziert zuweilen über den Bedarf hinaus. Unerwünschte kalifornische Orangen lässt man einfach auf dem Boden verfaulen. In Europa wird überschüssige Milch manchmal in alten Bergwerksschächten entsorgt. Leider ist es zu teuer, solche überschüssige Nahrung in Länder zu exportieren, wo die Menschen hungern.

# HUNGER

Die Dürre ist eine der Hauptursachen von Hungersnöten. Bleiben in Ländern, wo Wasser knapp ist, die Regenfälle zu bestimmten Jahreszeiten aus, gehen die Feldfrüchte zugrunde – die Bevölkerung hat nichts zu essen. Auch Naturkatastrophen wie Überschwemmungen und Hurricanes sowie Krankheiten können Feldfrüchte und Vieh in riesigen Gebieten vernichten. Kriege sind eine weitere Ursache von Hungersnöten. Jedes Jahr sterben Millionen vor Hunger und an den durch schlechte Ernährung und Mangel an sauberem Trinkwasser verursachten Krankheiten. Internationale Organisationen erhalten die Menschen mit Hilfslieferungen am Leben, bis neue Feldfrüchte angebaut werden können.

**Ernteausfall**
Ein sudanesischer Bauer geht durch ein von der Dürre verwüstetes Hirsefeld.

## Hungerhilfe

Als die Dürre 1994 im Sudan zu verbreiteter Hungersnot führte, versammelten sich Zehntausende an den Versorgungsstationen der UNO. Hier verteilt ein Helfer Essen an Mütter und Kinder. Außerdem ließ die UNO Saatgut einfliegen, damit die Bauern ihre verwüsteten Felder wieder bebauen konnten.

**Nahrungshilfe**
Energiereiche und leicht zu transportierende Getreidesorten wie Hirse sind ideal für eine Notnahrungshilfe.

## Überflutetes Land

1999 suchten zwei Hurrikane den Küstenstaat Orissa in Südostindien heim. Stürme und Überschwemmungen töteten 8000 Menschen, machten Millionen obdachlos und vernichteten die Feldfrüchte. Gehen die Fluten zurück, erholen sich von schlammigem Flusswasser bedeckte Felder schnell, aber das Meerwassersalz schädigt den Boden

**Verladen von Vorräten**
Getreidesäcke werden auf Rollpaletten verladen, die durch die Hecktüren des Flugzeugs hinausgestoßen werden.

**Abwurfzone**
Der Nahrungsabwurf erfolgt bei geringer Geschwindigkeit und Höhe. Einige Säcke werden platzen, doch das Getreide lässt sich unbeschädigt einsammeln.

## Hilfe aus der Luft

Oft erreicht Notnahrung die Opfer einer Hungersnot nur rasch per Fallschirmabwurf aus einem Frachtflugzeug. Für einen Nahrungstransport über Land müssen erst zahlreiche Lastwagen und Benzin zur Verfügung stehen. Doch in Katastrophengebieten, wo die Straßen unpassierbar geworden sind, erreicht die Hilfe nur mühsam ihr Ziel.

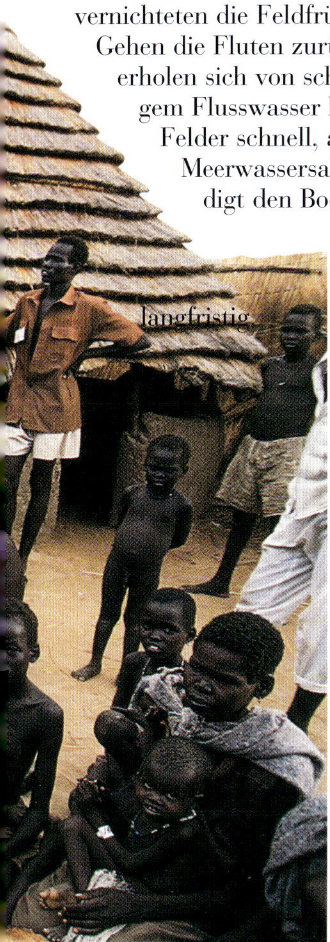


» 1999 half das Welternährungsprogramm über 86 Millionen Menschen in 82 Ländern. «

DAS WELTERNÄHRUNGSPROGRAMM DER UNO

**AKTION HUNGERHILFE**

Nehmt an einer gesponserten Veranstaltung teil, auf der Mittel für Hungeropfer gesammelt werden.

Unterstützt Aufrufe im Fernsehen, insbesondere zur Hilfe für Kinder.

Spendet euer Taschengeld von einer Woche für einen guten Zweck.

## Flüchtlingskrise

1999 mussten tausende von Menschen vor den Kämpfen im Kosovo fliehen. Viele Kriegsflüchtlinge auf dem Land litten Hunger. Hilfsorganisationen brachten ihnen mit Hubschraubern Brot und andere Lebensmittel.

**ERNÄHRUNGSHELFERIN**
HENRIETTA HOWARD

HENRIETTA HOWARD IST ALS ERNÄHRUNGSHELFERIN UND KRANKENSCHWESTER FÜR ÄRZTE OHNE GRENZEN (MÉDÉCINS SANS FRONTIÈRES – MSF) IN KONSO IM südlichen Äthiopien tätig. Sie koordiniert ein Team von Krankenschwestern, die unterernährte Kinder und schwangere Frauen mit Zusatznahrung versorgen.

# Ein Tag im Leben einer ERNÄHRUNGSHELFERIN

Das Zusatznahrungsprojekt von Ärzte ohne Grenzen ist lebenswichtig für Kinder, die in Äthiopien an Unterernährung leiden.

**Heute** will Henrietta mit einem Team von fünf Helfern, darunter eine Krankenschwester, etwa 400 Kinder und schwangere Frauen auf einer Verteilungsstelle bei Konso besuchen.

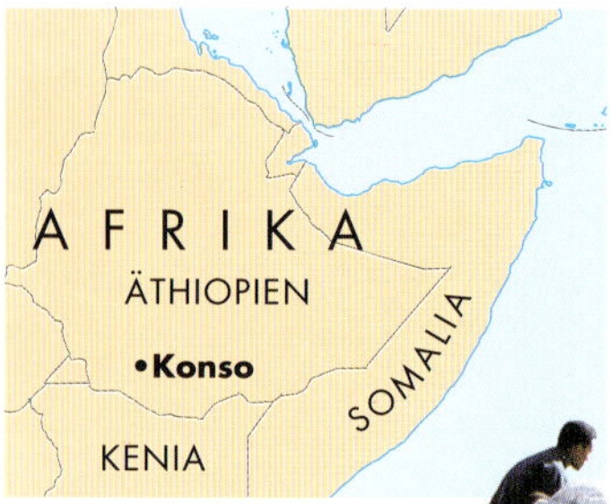


**Land der Dürre**
Das südliche Äthiopien leidet unter den Folgen einer schweren Dürre.

**Unterwegs**
Die Teams fahren mit Allradwagen durchs Land.

**6:00** Ich stehe früh auf und frühstücke mit den MSF-Schwestern im Lager Konso. Wir essen Brot und Injara (äthiopisches Essen), trinken Shai (Tee) und sprechen über das Tagesprogramm. Insgesamt gibt es fünf Teams, und ich organisiere, wer zu den einzelnen Verteilungsstellen geht. Dann laden wir die Ausrüstung und die Faffa-Lieferungen – ein Zusatznahrungspulver aus mit Proteinen, Vitaminen und Mineralien angereichertem Mais und Sorghum – in die Wagen. Jeder nimmt eine Wasserflasche mit, da es tagsüber sehr heiß wird. Die Schwestern füllen auch einen großen Kanister mit sauberem Wasser, das sie zur Arbeit brauchen, etwa um die Augen von Kindern mit Bindehautentzündung zu säubern.

**Registratur**
Henrietta füllt für jeden Einzelnen ein Formular im Registrierbuch aus.

**7:00** Wir verlassen das Lager in Allradfahrzeugen. Sie sind praktische Fortbewegungsmittel in einer Region, in der es keine richtigen Straßen gibt. Die unbequeme Fahrt führt uns heute an die Verteilungsstelle Fasha, unweit von Konso im südlichen Äthiopien.

**8:00** In Fasha werden wir bereits von Kindern und schwangeren Frauen erwartet. Die Menschen hier arbeiten schwer und sind vom Wasser- und Nahrungsmangel geschwächt. Die Regenfälle sind ausgeblieben, also können sie keine Feldfrüchte ernten, um ihre Familien zu ernähren. Zunächst erklären wir den Müttern, wie sie das Faffa-Pulver zu einem Brei verarbeiten können. Wir betonen, dass diese Zusatznahrung

**Die Stadt Konso**
In guten Jahren regnet es rechtzeitig, und die Menschen in Äthiopien können ihre Familien ernähren. Bleibt der Regen aus, sind sie auf Hungerhilfe von Organisationen wie MSF angewiesen.

**Essensschlange**
Schwangere Frauen und Mütter mit Kleinkindern legen oft lange Strecken zu den Verteilungsstellen zurück.

nicht die Hauptnahrung eines Kindes sein sollte. Außerdem dürfen nur die bei uns als unterernährt registrierten Kinder sie bekommen. Wir geben auch Hinweise zur Hygiene und erklären den Müttern, wie sie

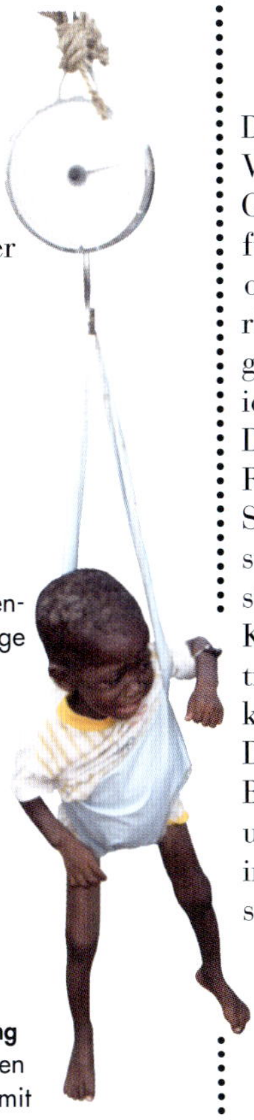

Hosenwaage

Stethoskop

**Medizinische Ausrüstung**
Die Schwestern machen ihre Untersuchungen mit einfachen Geräten.

Hautkrankheiten – beispielsweise Krätze – verhindern können. Ansteckende Krankheiten wie Durchfall sind in der Trockenzeit unter Kleinkindern weit verbreitet. Daher müssen wir den Müttern Informationen geben, wie sich eine Ansteckung vermeiden lässt.

**10:00** Unsere nächste Aufgabe besteht darin, die Kinder zu wiegen – Babys werden dazu in die Hosenwaage gesteckt – und ihre Größe mit einer Messlatte zu messen. Danach errechne ich das Verhältnis von Gewicht und Größe bei allen Kindern unter fünf Jahren. So finde ich heraus, ob ein Kind für seine Größe das richtige Gewicht hat. Die untergewichtigen Kinder registriere ich für die Zuteilung von Faffa. Dazu trage ich alle Daten unser Registrierbuch ein, während die Schwester die Kinder untersucht. Falls es nötig ist, werden sie auch gleich behandelt. Kinder leiden oft unter einem trockenen Mund, weil sie lange kein Wasser getrunken haben. Die Schwester gibt ihnen einen Becher sauberes Wasser aus unserem Kanister. Frauen, die im siebten oder achten Monat schwanger sind oder Mütter, die ihre Babys stillen, bekommen ebenfalls Faffa.

**12:00** Nun verteilen wir das Zusatznahrungsmittel Faffa. Das Pulver wird mit einem Messbecher abgemessen, und jede Mutter bekommt 2 Kilo in einem Spezialsack zugeteilt. Früher haben die Frauen das Pulver in alten Kleidungsstücken oder löchrigen Plastiktüten mitgenommen, aber nun haben wir orangefarbene Faffa-Säcke mit Reißverschlüssen verteilt. Sie lassen sich säubern und können jede Woche wieder verwendet werden. Wenn die Frauen aber ihren Sack vergessen haben, bekommen sie ihre Ration Faffa nicht. Da sind wir sehr streng.

**15:00** Nachdem wir etwa 300 Frauen und Kinder versorgt haben, ruhen wir uns aus und trinken etwas. Manchmal kommen wir den ganzen Tag nicht dazu, zu essen, weil so viel los ist. Wir behandeln immer auch die Mütter und Kinder, die spät kommen – manche haben es schließlich sehr weit bis zur Verteilungsstelle.

**16:00** Schließlich packen wir unsere Ausrüstung wieder ein und kehren zum Lager zurück. Zuweilen nehmen wir alle stark unterernährten Kinder mit, damit sie im Krankenhaus von Konso ärztlich behandelt werden.

**17:00** Wir setzen uns zum Abendessen zusammen. Die Teams tauschen sich über ihre Erlebnisse aus und diskutieren über Lösungen für alle möglichen Probleme. Es ist sehr wichtig, dass wir hier in Äthiopien sind. Während des Krieges in Liberia half MSF meinem Volk, und darum finde ich, dass ich zum Dank nun anderen Menschen in Not helfen sollte. Die Äthiopier, die schwer arbeiten und um Regen beten, tun mir wirklich Leid. Dank der Arbeit von Ärzte ohne Grenzen können viele unterernährte Kinder die Dürre in diesem ausgetrockneten Land überleben.

» Jede Woche verteilen wir Faffa an etwa 10 000 Menschen im südlichen Äthiopien – das ist eine ganze Menge, doch die Unterernährung wird immer schlimmer. «

**Faffa-Verteilung**
Jede Mutter bekommt eine abgemessene Menge Faffa.

# Kosten für die ERDE

Ein großer Teil der Nahrung, die wir kaufen, ist verpackt, verarbeitet oder konserviert. Meist werden die Nahrungsmittel um die halbe Welt transportiert, bevor sie beim Verbraucher sind. Das belastet die Umwelt durch hohen Energieverbrauch und bringt Probleme wie Umweltverschmutzung und Abfallberge. Zudem zerstören Bauern in den armen Ländern, die vom Export ihrer Erzeugnisse leben müssen, oftmals empfindliche Lebensräume.

## Versteckte Kosten

Täglich werden Millionen Hamburger gegessen. Für einen Hamburger werden über 20 Zutaten benötigt. Sie stammen von Bauern aus aller Welt. Dieses Fertiggericht ist zwar billig, doch die Verbraucher sollten wissen, wie es produziert wird.

**Brötchen**
Viel Energie wird zur Verarbeitung von Nahrungsmitteln wie Brot und Mayonnaise verbraucht.

**Hackfleisch**
Rindfleisch wird billig in Entwicklungsländern erzeugt und über lange Wege exportiert.

**Salatgarnitur**
Die Bauern versprühen Pestizide auf Salate und Tomaten, um gute Ernten zu erzielen.

## Umweltzerstörung

Das Rindfleisch für die amerikanischen Hamburger stammt meist aus Brasilien. Hier wurden riesige Regenwaldgebiete am Amazonas von Rinderzüchtern gerodet. Der dünne Boden lässt sich nur ein paar Jahre lang beweiden, dann wird das Land rasch durch Erosion zerstört.

## BANANEN REIFEN

**Was ihr braucht:** 2 unreife Bananen, 1 reife Banane, 2 Klarsichttüten, 2 Tütenverschlüsse.

**1 GEBT EINE UNREIFE** (grüne) Banane mit der reifen in eine Tüte. Gebt die zweite unreife Banane in die andere Tüte.

**2 VERSCHLIESST BEIDE** Tüten. Legt die Bananen einige Tage auf ein sonniges Fensterbrett oder an einen warmen Ort.

**3 SEHT EUCH DIE** Bananen nach zwei oder drei Tagen an. Die mit der reifen Banane verpackte unreife Banane reift schneller als die einzelne unreife Banane.

**Der Versuch zeigt:** Reifendes Obst sondert ein Gas ab – Äthylen –, das die Reifung auslöst. So reift man in Lagerhäusern Früchte, die »grün« gepflückt wurden.

## Lager- und Transportkosten

Supermärkte verbrauchen viel Strom für Beleuchtung und Gefriertruhen. Riesige Treibstoffmengen werden auch für die Schiffe, Flugzeuge und Lastwagen benötigt, die die Läden über große Entfernungen hinweg beliefern. Die Luftverschmutzung durch Auspuffgase ist eine der Hauptursachen der Klimaveränderung.

## Lebensmittelverarbeitung

Frische Agrarprodukte werden meist in Fabriken verarbeitet und verpackt, bevor sie ins Supermarktregal gelangen. Die Produktion von Fertiggerichten und Konserven verschafft vielen Menschen Arbeit, verteuert aber die Lebensmittel.

## Abfallrecycling

Das Recycling ist nur eine der Alternativen zum Vergraben von Abfällen. Viele Städte bauen Recyclinganlagen zur Wiederverwertung von Verpackungsmaterial. So werden weniger Bodenschätze benötigt und weniger Bäume müssen gefällt werden. Das kommt der Umwelt zugute.

## Abfallberge

Jede Woche fallen Tonnen von Müll aus Lebensmittelverpackungen und Haushaltsabfällen an. Oft wird der Müll in Gruben vergraben und mit Erde bedeckt – keine ideale Lösung: Die bei der Verrottung entstehenden Chemikalien verseuchen das Grundwasser oder sondern übel riechende Gase ab.

# Agrar-Export

Feldfrüchte, die Bauern eigens für den Verkauf im Ausland anbauen, nennt man Exportprodukte. Von den damit erzielten Einnahmen kann ein Land Güter kaufen, die es nicht hat, wie Treibstofföl oder Maschinen. Agrarländer exportieren Nahrungsmittel wie Bananen, Kaffee und Sojabohnen sowie Rohstoffe wie Baumwolle und Gummi. Dieses System kann gut funktionieren, ist aber anfällig. Geht die Ernte aufgrund einer Naturkatastrophe verloren, kann man auf keine anderen Erzeugnisse zurückgreifen. Jahrelanger Anbau derselben Feldfrüchte kann dem Boden auch alle Nährstoffe entziehen. Heute setzen die meisten Länder nicht nur auf ein Produkt.

Die Bananen werden für den Export grün gepflückt.

## Marktmacht

Bananen sind das Hauptexportprodukt von St. Lucia in der Karibik. Früher wurde der Bananenhandel in der Region von großen Konzernen kontrolliert, die schlechte Preise zahlten. Doch die Bananenerzeuger und Kleinanbauer haben sich zusammengetan und diese Konzerne so dazu gebracht, fairere Preise für ihre Früchte zu zahlen.

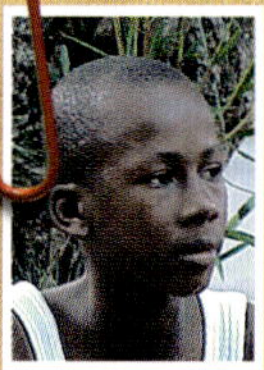

» Ich heiße Rayan und lebe auf St. Lucia. Hurricanes machen meinen Eltern – und anderen Plantagenarbeitern – Sorgen, weil sie die ganze Bananenernte vernichten können. Ich erinnere mich noch an die Auswirkungen des tropischen Tiefs von 1994: Alle Früchte gingen verloren. Weil die Eltern arbeitslos wurden und kein Geld verdienten, konnten die meisten Kinder nicht zur Schule gehen. Auch die Ernährung war ein Problem, da Bananen ein Grundnahrungsmittel für arme Familien sind und nichts kosten. «

## Naturkatastrophe

Der Hurricane Mitch vernichtete 1998 eine ganze Bananenplantage in Honduras, und bis eine neue Plantage entsteht, vergehen Jahre. Länder, die von ein oder zwei Exportprodukten abhängig sind, leiden schwer darunter, wenn eine Geldquelle infolge von Stürmen, Überschwemmungen oder Krankheiten versiegt.

# AKTION
## FAIRER HANDEL

Kauft Produkte, von denen ihr wisst, dass den Erzeugern ein fairer Preis bezahlt wird, oder solche, die direkt von den Erzeugern exportiert werden.

Diskutiert mit euren Freunden über Geschichte und Politik von Exportprodukten.

Sojabohnen

Sojabohnenschoten

## Tierfutter

Riesige Farmen in Brasilien produzieren keine Nahrung für die örtliche Bevölkerung, sondern nur Sojabohnen für den Export als Tierfutter. Es bedarf großer Mengen von Dünger und Pestiziden, um das Wachstum zu fördern und Krankheiten zu bekämpfen, die sich durch eine einzelne Feldfrucht rasch ausbreiten.

## Ausgewogene Ernte

Auf diesem indonesischen Markt wird eine Fülle heimischer Früchte, Gemüse und Gewürze angeboten. Sie werden neben den Exportprodukten des Landes – Kaffee, Tee, Zucker, Gummi, Palmöl und Tabak – auf kleinen Familienfarmen und großen Plantagen angebaut. Dank des ausgewogenen Anbaus von Export- und Nahrungsprodukten hat Indonesien eine starke Agrarwirtschaft.

## Landwirtschaft für den Export

In Sri Lanka wird auf den großen Teeplantagen von Hand geerntet. Die jungen Teeblätter werden gepflückt, getrocknet, zerstoßen und für den Export verpackt. Für Exportprodukte wie Tee wird oft ein Großteil des besten Landes benötigt, auch wenn vielerorts daneben noch andere Feldfrüchte angebaut werden. Beim Roden der Vegetation können heimische Tiere ihren Lebensraum und ihre Nahrungsquelle verlieren.

Teeterrassen beanspruchen viel fruchtbares Ackerland in Asien.

# LAND-
# WIRTSCHAFT

SEIT JAHRTAUSENDEN RODEN DIE MENSCHEN WÄLDER UND BEWIRTSCHAFTEN DAS LAND. DIE ÜBERNUTZUNG AUF DER ganzen Erde führt jedoch zum Verlust von fruchtbarem Boden, zur Verschmutzung von Flüssen und zum Aussterben von Tierarten. Heute lernen die Bauern, wie sie genügend Nahrung erzeugen, ohne das empfindliche Gleichgewicht der Natur zu stören.

» Der zunehmende Nahrungsbedarf muss größtenteils von einer besseren Nutzung des bereits bestellten Landes gedeckt werden. «

»CARING FOR THE EARTH«
WORLD CONSERVATION UNION/
UNO-UMWELTPROGRAMM/
WORLDWIDE FUND FOR NATURE

Diese grünen und fruchtbaren Felder in England (großes Bild) werden durch Hecken und Bäume unterteilt, die Tieren und Pflanzen Lebensraum und Schutz bieten. Das Farmland im Sudan hingegen (kleines Bild) ist zum großen Teil trocken und dürr – schuld daran sind die Überweidung und der Verlust von Bäumen und Pflanzen.

Das beste Recyclingsystem ist der Boden.

# **Fetter** *Boden,* karger *Boden*

Nicht Gold oder Erdöl ist die kostbarste natürliche Ressource der Welt, sondern die Erde unter euren Füßen. Der Boden ist nicht einfach »Dreck«, sondern eine Mischung aus Gesteinsteilchen, Luft, Wasser und den zerfallenden Überresten von Pflanzen und Tieren. Er wimmelt von winzigen Lebewesen, die ihn mischen, verarbeiten und gesund halten. Manche Böden sind fruchtbar, andere nicht, aber sie erhalten alles Leben auf Erden – vom Amazonasregenwald bis zur arktischen Tundra. Es ist wichtig, dass die Bauern den Boden, der uns ernährt, sorgfältig nutzen und schützen.

Aus toten Pflanzen- und Tierüberresten entsteht Humus.

Würmer, Larven und Insekten zerkleinern die Überreste und ziehen sie in den Boden.

Bakterien und Pilze wandeln die Reste in Humus und Nährstoffe um.

Große Gesteinsbrocken und Risse im festen Gestein darunter lassen überschüssiges Wasser abfließen.

## Erdarbeit

Ein Feld kann viele Milliarden Würmer, Milben, Pilze und Bakterien enthalten. Diese verborgene Arbeitstruppe zerlegt die Überreste toter Pflanzen und Tiere zu Nährstoffen – Chemikalien, die von den Pflanzen wiederverwendet werden – und Humus, der den Boden bindet und die Flüssigkeit fest hält.

## Fruchtbarer Boden

Viele europäische Bauern halten ihr Land fruchtbar, indem sie die Stängel und Wurzeln der abgeernteten Feldfrüchte unterpflügen. Hier liefern die verbliebenen Stoppeln einer Kornernte die benötigten Nährstoffe und den Humus für die Feldfrüchte der nächsten Jahreszeit. Der Humus verleiht diesem Boden seine reichhaltige, dunkle Farbe.

## Wiederbelebung

In den marokkanischen Wüsten müssen die Bauern Wasser aus tiefen Bohrlöchern zu ihren Feldern leiten. Die Bewässerung verwandelt staubigen, unfruchtbaren Boden in Ackerland. Durch Unterpflügen von Pflanzenresten wird es gedüngt und gefestigt. Der so gewonnene Humus verhindert, dass der Wind den Boden abträgt.

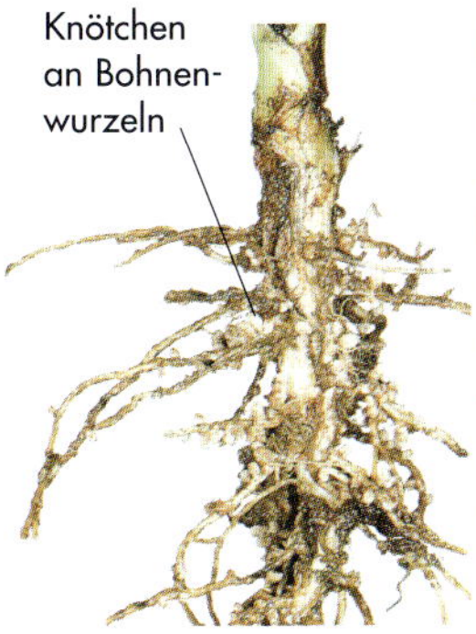

Knötchen an Bohnenwurzeln

## Natürlicher Dünger

Pflanzen brauchen Stickstoff, um zu wachsen, aber viele Böden enthalten nicht genug davon. Der Anbau von Erbsen, Bohnen oder Klee schafft Abhilfe. Bakterien in den Wurzelklümpchen dieser Pflanzen wandeln den Stickstoff der Luft im Boden in eine Art Stickstoffdünger um, den die Pflanzen durch ihre Wurzeln aufnehmen.

## Unfruchtbarer Boden

Die Bauern arbeiten schwer, um den schlechten Boden im türkischen Hochland zu kultivieren, wo die Winter sehr kalt und die Sommer sehr heiß sind. Die helle Farbe des trockenen, steinigen Bodens verrät, dass er nur ganz wenig Humus enthält. Unfruchtbare Böden lassen sich durch Düngung mit tierischem Mist verbessern.

## WAS LEBT IM BODEN?

EXPERIMENT

**Was ihr braucht:** feuchte Erde, Kelle, Küchensieb, Trichter, ein großes, sauberes Glas, Untertasse, einen kleinen Pinsel, Lampe, Lupe.

1 **GEBT EINE KLEINE** Menge feuchter Gartenerde in das Sieb.

2 **STECKT DEN TRICHTER** ins Glas und setzt das Sieb darauf. Richtet die Lampe auf die Erde, schaltet sie an und lasst alles ein paar Stunden stehen. Wenn die Erde austrocknet, ziehen sich winzige Tiere nach unten zurück, bis sie durch den Trichter ins Glas fallen.

3 **SCHALTET DIE LAMPE** aus und entfernt Sieb und Trichter. Kippt den Inhalt des Glases auf die Untertasse und trennt mit dem Pinsel die winzigen Tiere von der Erde. Untersucht sie mit der Lupe.

**Der Versuch zeigt:** Im Boden lebende winzige Tiere halten ihn gesund, indem sie die Überreste toter Pflanzen zerlegen, so dass Nährstoffe entstehen.

**Nach dem Anfassen von Erde stets die Hände waschen!**

Der Boden, der jedes Jahr von der Insel Java weggespült wird, könnte 15 Millionen Menschen ernähren.

## Bodenerosion

Dieses mexikanische Tal wurde nicht durch Erdbeben oder Bergarbeiter, sondern durch Schafe verwüstet. Die Bauern ließen das Land überweiden. Ohne den schützenden Grasteppich oder Wurzeln, die ihn im Hang verankern, wird der kostbare Boden binnen weniger Monate vom Regen erodiert (weggespült).

**Ökofreundliche Felder**
Dieses Mosaik von Feldern in Norwegen zeigt, wie moderne Bauernhöfe im Einklang mit der natürlichen Landschaft arbeiten. Die Bauern haben die Hecken und Wäldchen erhalten – sie beherbergen Insekten, die Feldfrüchte bestäuben, sowie Vögel und Säugetiere, die das Ungeziefer vertilgen.

# Formen der Landwirtschaft

Auf der ganzen Welt gelingt es den Menschen, an den unglaublichsten Orten Feldfrüchte anzubauen und Vieh zu halten. Dazu sind nicht immer teure Maschinen oder Chemikalien erforderlich – man muss nur die lokalen Bedingungen optimal nutzen. Einige der traditionellen Methoden werden seit Jahrtausenden angewendet – meist ohne der Umwelt zu schaden.

Hangterrassen verhindern, dass starker Regen die dünne Bodenkrume wegspült.

**Terrassierte Hänge**
Die terrassierten Reisfelder Asiens zeigen, dass ökologischer Landbau keine neue Idee ist. Das Regenwasser sammelt sich auf den schmalen Feldern und fließt dann von Terrasse zu Terrasse bergab. Kostbare Bodenteilchen im Wasser bleiben am Vorsprung darunter hängen. Manche Bergterrassen sind seit über 2 000 Jahren in Betrieb.

## Wandernde Weidewirtschaft

In Wüsten und Halbwüsten führen viele Viehhirten, wie diese afghanischen Ziegenhirten, ein nomadisches Leben – sie sind ständig von einem kargen Fleck Weideland zum nächsten unterwegs. Das funktioniert bei kleinen Herden, aber in Teilen von Ostafrika wurden bewaldete Savannen durch Überweiden in unfruchtbare Wüsten verwandelt.

Überweiden hinterlässt kahle Böden, die vom Wind weggeweht oder vom Regen weggespült werden können.

## Ackerbau in Bewegung

Diese peruanischen Bauern haben ein Waldstück gerodet, um Maniok anzubauen. Die geschlagenen Bäume wurden verbrannt, um den Boden mit Asche zu düngen. Sie werden die Parzelle ein paar Jahre nutzen und dann weiterziehen: Eine Methode, die dem Regenwald schadet, wenn er zu oft gerodet wird und keine Zeit zum Nachwachsen hat.

# Traditionelle Bauern kennen ihr Land genau und wissen, was es tragen kann.

Steinmauern halten das Wasser zurück, das der Reisanbau benötigt.

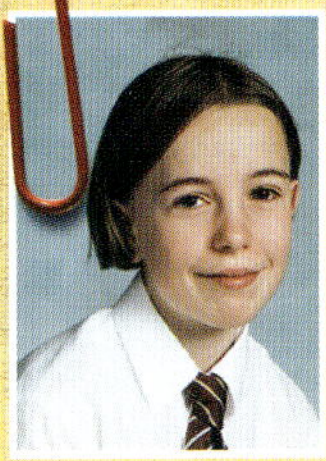

»Ich lebe auf einer Bergfarm in Yorkshire in England. Mein Vater hat eine Herde von 950 Swaledal-Schafen, die auf den so genannten »Moors« weiden. Sie können Regen und Schnee aushalten. Mein Vater bringt in den Wintermonaten zusätzlich Futter und Heu hinauf. Im April gehen wir mit unseren Schäferhunden auf die »Moors«, um die Schafe einzusammeln und zum Lammen ins Tal zu führen. Die Lämmer werden auf den Feldern geboren, wo wir uns um sie kümmern können.«

## Bergbauern

Schaf-Farmer im englischen Devon schicken ihre Herden auf die Hochweiden – die einzige Möglichkeit, Hänge zu nutzen, wo die Böden dünn sind und die Vegetation aus kurzem Gras besteht. Rinder fressen nur langes Gras auf tieferen Weiden. Die Bauern müssen im Winter oft zusätzliches Futter hinaufschaffen – oder die Schafe in die wärmeren Täler holen.

# Anbau-

Ohne Pflanzen gäbe es kein Leben auf unserer Erde. Sie machen etwas, was kein Tier kann: Sie stellen Nahrung her. Tiere fressen entweder Pflanzen oder andere Tiere, die Pflanzen fressen. Auch wir Menschen brauchen Pflanzen als Nahrungslieferanten und bauen sie deshalb auf unseren Feldern an. Pflanzen sind auch sonst für den Planeten wichtig. Sie nehmen Kohlendioxid aus der Luft auf und geben Sauerstoff ab, den Tiere und Menschen zum Atmen benötigen. Pflanzen erhalten auch die Umwelt, da ihre Wurzeln den Boden binden und so Wasserverlust und Bodenerosion verhindern.

## Nahrungsfabrik

Eine Pflanze wächst, indem sie mit Hilfe der Sonnenenergie den chemischen Prozess der Fotosynthese in Gang hält. Wasser und Nährstoffe werden aus dem Boden über die Wurzeln aufgenommen, die Blätter entnehmen der Luft Kohlendioxid. Diese Chemikalien werden in Kohlenstoff, Wasserstoff und Sauerstoff zerlegt und dann in Zucker und Stärke umgewandelt.

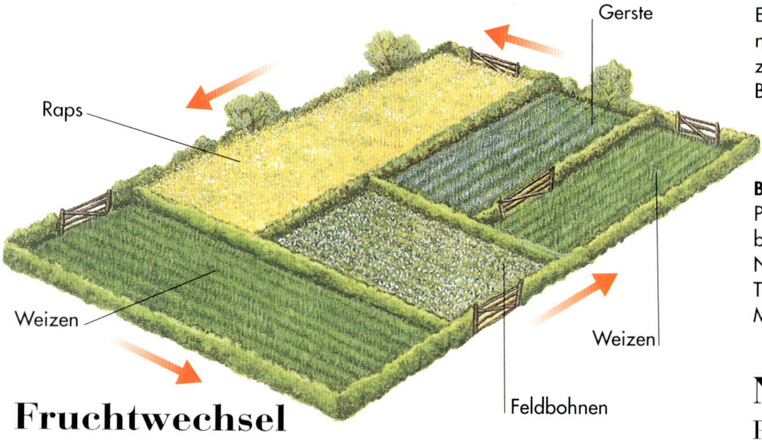


## Fruchtwechsel

Manche Pflanzen entziehen dem Boden viele Nährstoffe, und wenn die gleiche Frucht jedes Jahr angebaut wird, kann der Boden seine Fruchtbarkeit verlieren. Viele Bauern halten ihren Boden gesund, indem sie verschiedene Feldfrüchte auf einem Feld abwechselnd anbauen.

**Samen**
Die Samenkapseln von Erbsen und Bohnen sind nährstoffreich. Die Pflanzen verbessern auch die Böden.

**Obst**
Früchte enthalten reichlich Zucker und Vitamine.

**Wurzeln**
Maniok und andere Stärkewurzeln sind wichtige Feldfrüchte.

**Blätter**
Pflanzenblätter sind Nahrung für Tiere und Menschen.

**Stiele**
Pflanzenstiele werden oft zur Düngung untergepflügt oder gegessen.

## Nahrungsspeicher

Pflanzen brauchen nur einen Teil des von ihnen erzeugten Zuckers zur Lebenserhaltung. Der Rest wird entweder in Zellulose zur Herstellung neuer Pflanzenzellen oder in Stärke umgewandelt: Nahrung für künftige Samen und Triebe. Diese Nahrungsspeicher ernten und essen wir.

# Zyklen

## Sonnenlicht

Obstbauern sind auf die Sonne angewiesen, um große, gesunde Früchte zu ernten. In den Sommermonaten, wenn es warm und sonnig ist, reift das Obst heran. Die meisten Pflanzen gedeihen in normalem Tageslicht, aber Obstbäume wie diese Orangenbäume in Brasilien brauchen viel Sonne, damit ihre Früchte reifen.

## Leben spendender Regen

Milde, feuchte Winter und warme Sommer sorgen in großen Teilen von Amerika, Europa und Asien für ideale Anbaubedingungen. In den meisten tropischen Ländern gibt es entweder zu viel oder zu wenig Regen, und die schlechten Böden und unverträglichen Anbaumethoden setzen das Land Überschwemmungen oder der Bodenerosion aus.

## Globale Erwärmung

Die Umweltverschmutzung durch Fabrik- und Autoabgase sowie andere Schadstoffe stört das Gleichgewicht der Atmosphäre und führt zur Erwärmung der Erde. Bei höheren Temperaturen steigt der Meeresspiegel, und damit sind Küstengebiete von Überschwemmung bedroht. Diese Veränderungen wirken sich auch auf die Landwirtschaft aus.

**Flutbarrieren**
In Bangladesch verstärken Bauern Flussufer und Küstenlinien, um ihre Felder vor Hochwasser zu schützen.

### KRESSESAMEN KEIMEN LASSEN

EXPERIMENT

**Was ihr braucht:**
Kresse- oder Senfsamen, 3 Plastikbecher, Watte, kleine Kiste, Wasser

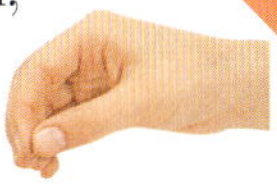

**1 FÜLLT JEDEN BECHER** zu zwei Dritteln mit Watte. Streut darauf einige Kressesamen.

**2 GIESST IN ZWEI BECHER** etwas Wasser, um die Watte anzufeuchten. Füllt den dritten Becher bis zum Rand, so dass die Samen unter Wasser sind und keine Luft bekommen.

**3 STELLT EINEN** der Becher mit feuchter Watte in die Kiste ins Dunkle. Stellt die anderen beiden Becher auf ein sonniges Fensterbrett.

**4 WÄSSERT ALLE SAMEN** jeden Tag. Nach fünf Tagen vergleicht ihr die verschiedenen Becher. Nur die der Luft ausgesetzten Samen auf feuchter Watte haben gekeimt. Die Samen im Dunkeln haben schwache, gelbe Triebe, die im Licht starke, leuchtend grüne Pflänzchen hervorgebracht.

**Der Versuch zeigt:** Samen brauchen Feuchtigkeit, Sonnenschein, Luft und Wärme, um zu keimen und zu starken, gesunden Pflanzen heranzuwachsen.

# *Nahrungs-* MASCHINE

In Kanada sind die **Ernten** von Sommerweizen in Gebieten mit natürlichem **Windschutz** um **25 Prozent** größer.

Riesige Mengen an Getreide und Feldfrüchten werden für menschliche Nahrung und Tierfutter benötigt. Sie können nur von einer hoch technisierten Landwirtschaft produziert werden. Aber wenn Bäume und Büsche gigantischen Erntemaschinen weichen müssen, sind Boden und Feldfrüchte dem Wind schutzlos ausgesetzt, und viele Tiere verlieren ihren Lebensraum. Chemikalien wie Kunstdünger und Pestizide verschmutzen nahe gelegene Flüsse und schaden auch der heimischen Tier- und Pflanzenwelt.

**Getreideproduktion**
Im US-Staat Oregon wird die Weizenernte von riesigen Mähdreschern eingefahren. Diese großen Maschinen bringen die Ernte auf eine sehr effiziente Art ein. Sie werden jedoch mit Dieselkraftstoff betrieben, der die Atmosphäre verschmutzt. Inzwischen hat sich bestätigt, dass Dieselöl schädlicher für die Umwelt ist als Benzin.

## Windschäden

In manchen Teilen der Welt tritt bei sehr großen Feldern ein ernstes Umweltproblem auf: Nach der Ernte ist der Boden ungeschützt, und wenn es lange heiß ist, trocknet die wertvolle Ackerkrume rasch aus. Binnen Stunden kann ein starker Wind Hunderte Tonnen von Boden wegwehen.

## Intelligente Maschinen

Spezialmaschinen wie diese Tomatenerntemaschine haben in entwickelten Ländern die meisten Erntearbeiter ersetzt. Sie sind teuer, doch viel schneller als Menschen. Aber schwere Maschinen verdichten den Boden, so dass er nicht mehr genug belüftet und bewässert wird. Riesige Ballonreifen können dieses Problem minimieren.

## Heckenversteck

Hecken auf Feldern erhalten die Umwelt. Ihr dichtes Laub schützt Feldfrüchte und Böden vor Windschäden, und das Wurzelwerk verankert den Boden und hält das Wasser. Hecken sind oft das letzte Reservat vieler seltener Wildpflanzen (Flora). Sie bieten auch Lebensräume für verschiedene Arten von Insekten, Vögeln, Reptilien und Säugetieren (Fauna).

Admiral-Falter legen ihre Eier auf Nesseln ab, der Hauptnahrung ihrer Raupen.

Blaumeisen nisten in Hecken und füttern ihre Jungen mit Larven und Raupen.

Kaninchen graben ihre Baue in Böschungen und unter Hecken.

Eine **Hecke** kann 20 **Vogelarten** und 50-60 **Pflanzenarten** erhalten.

**AKTION**
**RETTET FAUNA UND FLORA**

Unterstützt Naturschutzorganisationen.

Schließt euch einer Umweltgruppe an, die heimische Hecken und Wäldchen von Abfall säubert.

Erkundigt euch, wie Bionahrung angebaut wird.

## Chemische Keule

Viele Menschen sind beunruhigt über die vielen Chemikalien in der Landwirtschaft. Feldfrüchte werden künstlich gedüngt und mit Herbiziden gegen Unkraut, mit Fungiziden gegen Schimmel und mit Insektiziden gegen Schädlinge besprüht. Aber ohne solche Chemikalien bekämen wir keine großen, makellosen Früchte und Gemüse zu günstigen Preisen.

Selbst empfindliche Feldfrüchte wie Tomaten lassen sich maschinell ernten.

# SCHÄDLINGE

Felder, Plantagen, Treibhäuser und Nahrungsspeicher werden ständig von Ratten und Mäusen, Samen fressenden Vögeln und zahllosen Käfern, Würmern und Larven heimgesucht, die sich in Pflanzenstängel bohren, Wurzeln kauen, an Blättern nagen und Saft saugen. Feldfrüchte werden auch von Krankheiten befallen. In den hoch entwickelten Ländern kämpfen die Bauern mit Chemikalien dagegen an – die sich aber nachteilig auf die natürliche Umwelt auswirken können.

**Schleiereule**
Schädliche Chemikalien reduzieren den Nachwuchs von Raubvögeln wie dieser Eule.

## Krankheiten

Dieser Maiskolben ist von Maisbrand befallen – einer Pilzkrankheit, bei der die Pflanze von schwarzen, puderartigen Sporen bedeckt ist. Andere Feldfrüchte werden von Rost oder Braunfäule verdorben. Dadurch werden die Blätter oder Knollen abgetötet und so die Pflanzen am Wachsen gehindert.

**Weizen**
Die Bauern besprühen Getreide mit Pestiziden.

**Feldmaus**
Mäuse fressen das Getreide und speichern tödliche Chemikalien in ihrem Körperfett.

## Vergiftete Nahrungsketten

In den 1960er Jahren entdeckte man, dass manche Pestizide über die Nahrungskette weitergegeben wurden. Mäuse und kleine Vögel fraßen die chemisch behandelten Samen. Als sie die Beute von Habichten und Eulen wurden, schwächten die Chemikalien die Eierschalen der Raubvögel, so dass ihr Nachwuchs zurückging. Einige dieser Chemikalien, wie DDT, sind heute in vielen Ländern verboten.

## Unerwünschtes Unkraut

Der Klatschmohn ist für die Bauern kein Problem, da er vor der Getreideernte abstirbt. Andere Unkräuter aber können die Qualität der Ernte beeinträchtigen, indem sie wertvolles Wasser und Nährstoffe im Boden verbrauchen. Manche Unkräuter ersticken die Feldfrüchte oder nehmen ihnen das Sonnenlicht.

»Ich heiße Woody und lebe in der Grafschaft Cork in Irland. In unserem Garten am Meer bauen wir Mais und Kartoffeln an. Mein Bruder und ich fangen Marienkäfer und setzen sie auf die Blätter, damit sie die Blattläuse fressen. Wir streuen auch zerstoßene Eierschalen und Salz auf den Boden, um Schnecken daran zu hindern, die Blätter zu fressen. Wir nehmen nie Schneckengift, da die Singvögel es fressen und daran sterben könnten.«

## Hungrige Schädlinge

Feldfrüchte sind für alle möglichen Schädlinge anfällig. Schnecken fressen ihre Blätter. Drahtwürmer und andere Larven bohren sich in Wurzelpflanzen, während Insekten durch die Stängel an den zuckerhaltigen Saft zu gelangen suchen. Die Bauern bekämpfen sie mit Pestiziden, müssen aber aufpassen, dass sie dabei nicht den harmlosen Insektenarten schaden.

Eine einzige Schnecke kann sich rasch durch ein Brokkoliblatt fressen.

»Biologische Schädlingsbekämpfung ist eine ökologische Methode im Kampf gegen Ungeziefer und Krankheiten.«

US-LANDWIRTSCHAFTSMINISTERIUM

## Pestizidforschung

Wissenschaftler entwickeln heute Pestizide, die nur einen bestimmten Schädling vernichten sollen. Doch viele Unkräuter, Insekten und Krankheitserreger werden schließlich gegen diese Chemikalien resistent. So müssen immer neue Schädlingsbekämpfungsmittel getestet und entwickelt werden.

**Natürliche Feinde**
Marienkäfer fressen Blattläuse und sind auf Feldern willkommen.

Blattlaus

Während des Wachstumszyklus sprühen die Bauern die Feldfrüchte mit langen Sprühauslegern an einem Traktor ein.

## Besprühen von Feldfrüchten

Viele moderne Pestizide töten nur den wirklichen Schädling. Viele Bauern versuchen, möglichst wenig Chemikalien zu versprühen. Trotzdem sind manche Verbraucher besorgt wegen der vielen Schädlingsbekämpfungsmittel, mit denen die Felder besprüht werden und die wir mit der Nahrung aufnehmen.

## Biologische Bekämpfung

Statt Insekten mit teuren Chemikalien zu bekämpfen, setzen manche Bauern einen natürlichen Feind des Schädlings in ihren Feldern aus. Marienkäfer etwa halten Blattläuse in Schach, und mit einer kleinen parasitären Wespe kann man die Weiße Gewächshausfliege bekämpfen.

**ENTOMOLOGIN**
BETH GRAFTON-CARDWELL

BETH GRAFTON-CARDWELL HAT SICH ALS WISSENSCHAFTLERIN AM KEARNY AGRICULTURAL CENTER DER UNIVERSITÄT VON KALIFORNIEN AUF INSEKTEN spezialisiert. Sie hilft den örtlichen Orangen- und Zitronenanbauern, zur Bekämpfung von Schädlingen mehr natürliche Feinde und weniger Insektizide einzusetzen.

**Datensammlung**
Mit Computern werden Daten analysiert.

# Ein Tag im Leben einer ENTOMOLOGIN

Dank der Insektenforschung bekommen die Zitrusanbauer in Kalifornien die Schädlinge mit weniger Chemikalien in den Griff.

**Heute** will Beth örtliche Zitrusanbauer aufsuchen und ihnen die Vorteile von winzigen Wespen in ihren Plantagen erklären. Mit ihrer Hilfe lässt sich die Kalifornische Deckelschildlaus, ein Zitrusschädling, bekämpfen.

**Lupe**
Unter einer Lupe lassen sich kleine Insekten betrachten.

**Schaden durch Insekten**
Die Zitrone oben ist von der Kalifornischen Deckelschildlaus befallen.

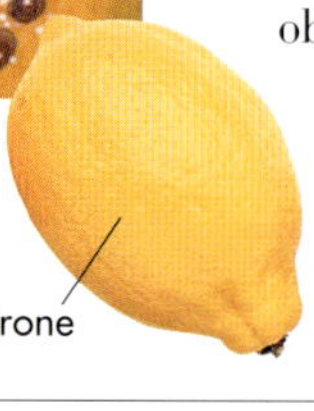

Gesunde Zitrone

**7:30** Ich treffe in meinem Büro ein und beantworte zunächst die E-Mails von lokalen Schädlingsbekämpfungsberatern. Sie sollen für die Zitrusanbauer Insekten und Milben überwachen und Empfehlungen zu ihrer Bekämpfung abgeben. Die Berater interessieren sich für IPM-Lösungen (Integrated Pest Management) ihrer Probleme. Dabei werden weniger Insektizide versprüht und mehr natürliche Feinde eingesetzt. Dann aktualisiere ich meine Webseite mit neuen Informationen über lokale Schädlinge.

**8:00** Ich bekomme von einem Berater Proben von Zitrusfrüchten, die von der Kalifornischen Deckelschildlaus befallen sind. Er möchte wissen, ob diese Schildlaus gegen ein bestimmtes Insektizid resistent ist, das er einem Anbauer zum Besprühen seiner Zitrusbäume empfiehlt.

» Je mehr die Anbauer über die natürlichen Feinde der Schädlinge Bescheid wissen, desto weniger Insektizide werden sie sprühen. «

**9:00** In unserem Labor sieht sich Yuling, meine Laborantin, die Läuse unter dem Mikroskop an. Mit einem winzigen Pinsel isoliert sie vorsichtig 15 bis 20 Weibchen, zerdrückt sie und vermischt sie mit einer chemischen Flüssigkeit, die mit einem Esterase-Enzym im Lauskörper reagiert. Läuse, die gegen das Pestizid resistent sind, färben die Flüssigkeit dunkel, da sie in ihrem Körper viele Esterase-Enzyme haben.

Ich rufe den Berater an und erkläre ihm, dass wir ihm die Testergebnisse im Laufe des Tages mitteilen werden.

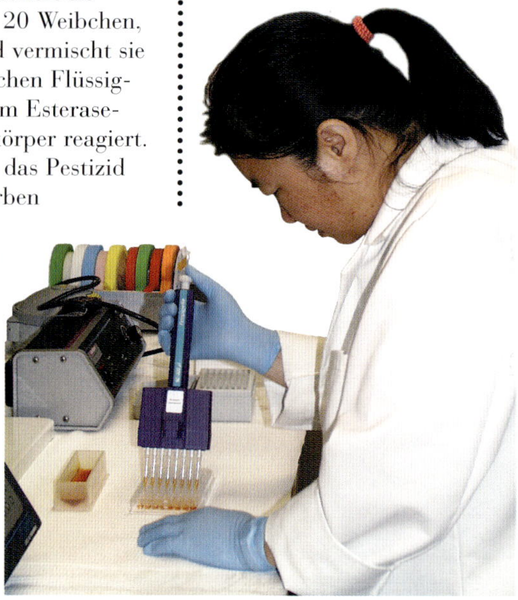

**Labortätigkeit**
Yuling gibt Chemikalien zu den zerdrückten Läusen.

**10:00** Ich fahre zu einer Zitrusplantage und spreche mit einer Gruppe von Zitrusanbauern über die Möglichkeiten, die Kalifornische Deckelschildlaus mit natürlichen Feinden zu bekämpfen, anstatt mit Insektiziden. Wir züchten in speziellen Glastanks, so genannten Insektarien, eine winzige Parasitenwespe mit dem Namen Aphytis. Die Zitrusanbauer können sie kaufen und in ihren Plantagen aussetzen. Die Wespen legen ihre Eier in den Schildläusen ab, und die Larven ernähren sich von den Läusen und töten sie. Schließlich

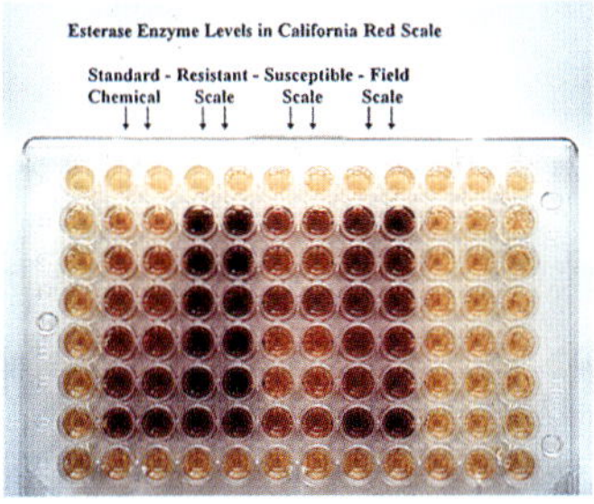


**Testergebnisse**
Die Ergebnisse des Farbtests zeigen, dass diese Kalifornische Deckelschildlaus bereits gegen das Pestizid resistent ist.

schlüpft eine Wespe aus den Überresten der Laus. Diese Wespe legt ihre Eier nur in Läusen ab und ist zu klein, um uns Menschen zu verletzen. Zur Demonstration öffne ich einen Becher voll Aphytis-Wespen und lasse sie in der Plantage frei.

**Kalifornische Zitrusanbauregion**
Beths Forschungslabor im Kearney Agricultural Center liegt im San Joaquin Valley in Kalifornien.

**Forschung vor Ort**
Beth lässt in einer Zitrusplantage Aphytis-Wespen frei.

Aphytis-Wespen

**12:00** Beim Mittagessen in einem Coffee Shop spreche ich mit einer Gruppe von Zitrusanbauern über Schädlingsprobleme.

**13:00** Ich fahre zur Außenstelle des Kearney Agriculture Center, wo wir unsere eigenen Zitrusbäume anpflanzen. Hier treffe ich mich mit meinem Techniker Chris, und wir überprüfen mehrere der Bäume, die mit einem neuen Insektizid besprüht wurden, das wir gerade testen. Wir wollen wissen, ob es die Kalifornische Deckelschildlaus tötet, aber zugleich die Aphytis-Wespe verschont. Von jedem Baum schneiden wir fünf Zweige ab. Sie werden später unter dem Mikroskop daraufhin untersucht, ob die Läuse noch leben oder nicht. Außerdem zupfen wir einige Blätter von jedem Baum und legen sie in ein Glas mit Aphytis-Wespen. Falls wir nach mehreren Stunden entdecken, dass die meisten Wespen tot sind, wissen wir, dass dieses Insektizid auch für die Wespen gefährlich ist.

**15:00** Yuling berichtet mir, dass der Farbtest für die Schildläuse abgeschlossen ist. Die Flüssigkeit mit den zerdrückten Läusen hat sich dunkel verfärbt – der Beweis, dass die Läuse gegen das Insektizid resistent sind. Ich rufe den Schädlingsbekämpfungsberater an und teile ihm mit, dass er dieses Pestizid dem Zitrusanbauer nicht mehr empfehlen soll. Es befriedigt uns zu wissen, dass der Anbauer dank unserer Forschung das wirkungslose Pestizid in seiner Plantage künftig nicht mehr sprühen wird.

**16:00** Chris ist am Telefon und berichtet mir, dass das Insektizid, das wir testen, nicht die Aphytis-Wespe, sondern nur die Läuse im Jungstadium getötet hat. Also ein viel versprechendes Insektizid für unser IPM-Programm: Es lässt den natürlichen Feind überleben, tötet aber den Schädling, so dass wir die Schädlingspopulation mit dem natürlichen Feind und dem Insektizid bekämpfen können. In dieser Phase haben wir freilich nur die Wirkung des Insektizids auf die Wespe untersucht, wenn sie es berührt. Was geschieht, wenn sie es frisst? Wird dieses Insektizid anderen natürlichen Feinden schaden? Für so komplexe Zusammenhänge ist weitere Forschung nötig.

**Schädlinge studieren**
Beth untersucht eine Orange auf Schädlinge.

» Schädlingsforschung ist Detektivarbeit – man muss in der Plantage nach Hinweisen suchen, was mit den Insekten passiert. «

**Orangenplantage**
Kalifornische Zitrusanbauer brauchen die Schädlingsforschung zum Schutz ihrer Früchte.

# TIER-HALTUNG

## AKTION INFORMIERT EUCH

Diskutiert mit euren Freunden über die Probleme der Massentierhaltung.

Besucht einen Viehzuchtbetrieb.

Versucht mehr über das Fleisch und die Eier zu erfahren, die ihr esst.

In manchen landwirtschaftlichen Betrieben werden viele Tiere auf einer sehr kleinen Fläche Land gehalten. Die Tiere weiden nicht im Freien, sondern werden in Pferchen oder Ställen mit Spezialtierfutter gefüttert. Diese Methode der Fleischproduktion nennt man Intensiv- oder Massentierhaltung. Die Nahrung der Tiere ist oft nicht artgerecht. Über das Tiermehl, das Pflanzenfressern wie den Rindern zugefüttert wird, werden Seuchen wie BSE übertragen. Dann sterben nicht nur Tiere, sondern auch Menschen.

Die **meisten** in den USA in **Feedlots** gehaltenen Rinder bekommen **nie** Gras zu sehen.

### Batterie oder Freiland?

Viele Eierproduzenten halten Hennen in Legebatterien. In diesen riesigen Hallen leben bis zu 10 000 Vögel in kleinen Käfigen, die bis zu vier Lagen übereinander gestapelt sind. Futter und Wasser werden automatisch zugeführt, und die Eier rollen auf ein Fließband, das sie in den Wasch- und Verpackungsbereich befördert. Dies sei die einzige Möglichkeit, die Nachfrage nach billigen Eiern zu befriedigen, sagen die Erzeuger.

**Freilandhühner**
Diese frei laufenden Hühner ernähren sich von Grashalmen und Insekten sowie von Hühnerfutter.

**Batteriehennen**
Die Hennen in diesen Käfigen können sich kaum umdrehen und bekommen eine wissenschaftlich kontrollierte Ernährung.

### Rinder in Feedlots

Zur Befriedigung der Nachfrage nach billigem Rindfleisch werden Millionen Rinder in den USA in so genannten Feedlots gemästet. Das Futter darf Hormone enthalten, damit die Rinder schneller wachsen, sowie Antibiotika zur Verhütung von Infektionen. In Deutschland ist diese Methode verboten.

» Ich lebe in einem Vorort von Paris. Das Fleisch, das wir in der Schule zu essen bekommen, stammt aus Großmastbetrieben. Ich finde es schrecklich, dass diese Tiere eingesperrt auf engstem Raum leben. Ich esse gern bei meiner Oma, weil sie ihre Eier und Hühner bei Freilandbauernhöfen kauft. Sie schmecken köstlich! Ich möchte, dass meine Eltern das Fleisch von frei laufenden Tieren kaufen, weil diese auf den Feldern artgerechter leben können. Das ist besser für sie und für uns! «

## Natürlicher Dünger

Die Gülle von Rinder-, Schweine- und Geflügelmastbetrieben wird oft gesammelt und als Dünger auf die Felder ausgebracht. Doch die Bauern müssen darauf achten, nicht zu viel Gülle zu verwenden, da Kalium, Stickstoff und Phosphate im Dung benachbarte Flüsse und Seen verschmutzen können.

Wegen der Rinderseuche **BSE** wurde in Deutschland im Dezember 2000 das Füttern mit **Tiermehl** verboten.

## Mästen

Bei der intensiven Schweinehaltung werden junge Schweine mit Mischfutter aus Getreide, Feldfrüchten und Magermilch – früher auch mit Tiermehl – gemästet. Die Tiere sind in warmen, gut belüfteten Ställen untergebracht.

In riesigen Betonsilos wird Tierfutter gespeichert – eine Mischung aus Getreide, Sojabohnen und Fischmehl aus Südamerika.

Berge von Getreide, das auf den benachbarten Feldern angebaut und geerntet wird.

# Fischerei

**Konkurrierende Fischer**

Früher hatten die Fischer von Mauritius im Indischen Ozean ihre Fischgründe für sich und konnten genügend Meeräschen fangen. Heute müssen sie mit illegalen Trawlern aus Europa und anderen fernen Gebieten konkurrieren. Die Wilderer dezimieren die Fischbestände Westafrikas und nehmen den Einheimischen die Nahrung weg.

Fische sind für viele Menschen ein wichtiger Teil der Nahrung. In Japan decken Fische 60 Prozent des Eiweisbedarfs, und in ländlichen Gebieten Afrikas sind Fische aus Flüssen und Seen oft die einzige Proteinquelle. Das Fischen im kleinen, lokalen Maßstab schadet der Umwelt nicht, doch die intensive Fischerei mit großen Trawlern droht in manchen Gebieten ganze Populationen von Fischen auszurotten. Heute gibt es strenge Fangquoten – sie dienen der Erhaltung der gefährdeten Fischbestände für künftige Generationen.

## Fabriktrawler

Die von diesem Schiff in der Nordsee verwendeten Schleppnetze können eine Tonne Fisch auf einmal fangen – die von Tiefsee-Supertrawlern bis zu 100 Tonnen. Durch diese riesige Ausbeute sind einige Fischpopulationen stark gefährdet.

Die vollen Netze werden mit der Winde an Bord gehievt.

## Fische oder Wälder?

Die Garnelenzucht stellt eine neue Nahrungsquelle für die Menschen in Südostasien dar. Die Garnelen erzielen auch einen guten Preis, wenn sie an reiche Länder verkauft werden. Doch für die Fischteiche müssen die Mangrovenwälder abgeholzt werden, die die Küste schützen und anderen Meerestieren Laichgründe bieten.

Mangroven schützen die Küste vor Erosion und Sturmschäden.

Garnelen werden für den Export gekocht und eingefroren.

Garnelenfarmen haben heute die Hälfte aller Mangrovenwälder in Thailand verdrängt.

## AKTION SCHÜTZT DIE FISCHE

Diskutiert mit euren Freunden darüber, ob es sinnvoll ist, so viele Fische als Tierfutter zu verwenden.

Findet heraus, woher die Fische kommen, die ihr esst.

» Von den 17 wichtigen Fischfanggebieten der Welt sind 4 leer gefischt, die anderen teilweise überfischt. «

FAO, 1995

## Fischmehlindustrie

Fressen Kühe Fisch? Überraschende Antwort: Ja. Auch Schweine, Hühner und anderes Vieh tun es. Fast die Hälfte aller weltweit gefangenen Fische werden zu Fischmehl und damit zu Tierfutter verarbeitet. Diese Fabrik wandelt fast den gesamten Fischfang von Peru in Mehl für die Rinder von Nordamerika um.

## Traditionelle Jäger

Jahrhundertelang haben Meeressäugetiere die Eskimos von Nordamerika mit den nötigsten Dingen versorgt: Fleisch, Felle für Kleidung, Knochen für Harpunenspitzen und Tran für Lampen. Die meisten Eskimos leben heute in Städten, aber viele jagen noch auf traditionelle Weise. Manche Tierschützer verlangen, dass sie auf ihre Jagdrechte verzichten.

Ein Eskimo jagt Robben durch Löcher im Meereis.

FISCHEREIBIOLOGIN
SHELLY TALLACK

SHELLY TALLACK SAMMELT DATEN ÜBER DIE KRABBENARTEN, DIE VOR DEN SHETANDINSELN GEFISCHT WERDEN. SHELLY IST IN SCALLOWAY STATIONIERT und erfasst das ganze Jahr über die Bestände der Krabben an den Küstenlinien und auch auf den Fischerbooten auf See. Ein Teil ihrer Forschungen betreibt sie im Labor.

## Ein Tag im Leben einer

# FISCHEREIBIOLOGIN

### Die Erforschung der Populationen hilft schottischen Fischern bei der Erhaltung der lokalen Krabbenbestände.

**Krabben markieren**
Shelly markiert jede Krabbe, indem sie eine nummerierte Plastikmarke mit einem Nylonfaden am Außenskelett (Schale) befestigt.

Zange

Lochdorn

**Markierwerkzeuge**

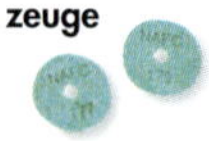

Nummerierte Plastikscheibchen

**Ausrüstungsbox**
Shelly bewahrt ihr Ölzeug und ihre Gummistiefel in einer wasserdichten Box auf.

**Heute** will Shelly mit einer Zweimanncrew in einem Krabben- und Hummerfischerboot Proben von den Krabbenbeständen vor der Insel Foula nehmen. Die Daten des Tages wird sie dann in den Computer eingeben.

**4:30** Der Wecker reißt mich aus dem Schlaf, und mühsam rapple ich mich auf. Zum Glück habe ich meine Ausrüstung schon am Vorabend gepackt. Ich fülle eine Thermosflasche mit heißem Tee, schnappe mir mein Lunchpaket und lade alles ins Auto. Da es Sommer ist, wird es hier auf den Shetlandinseln nie ganz dunkel und so fahre ich die 45 Minuten bis zur Pier bei Tageslicht.

**6:00** Das Fischerboot fährt zu einer der abgelegenen Shetlandinseln, Foula, wo wir auf den Klippen viele nistende Seevögel, darunter auch Papageientaucher, sehen.

**7:00** Wir machen eine mit Leuchtfarbe gestrichene Boje aus, die die Stelle markiert, an der die Reusen der Fischer – robuste, zweiseitig nutzbare Körbe zum Fang von Krabben und Hummern – gestern ausgesetzt wurden. Bis zu 40 Reusen hängen an einer einzigen langen Schnur, einer so genannten Leitschnur. Die Fischer holen die Leitschnur mit einer hydraulischen Winde ein. Nacheinander leeren sie die Reusen, werfen den Beifang (unerwünschten Fang) ins Meer zurück und versehen die Reusen erneut mit Köder: frischen oder gefrorenen Fischabfällen aus lokalen Fischverarbeitungsbetrieben. Dann wird die Leitschnur wieder bis auf eine Tiefe von 30 Faden – etwa 60 m – ins Wasser hinabgelassen.

**8:00** Während die Männer arbeiten, sammle ich meine Daten. Als die Krabben aus den Reusen geleert werden, wähle ich Exemplare zur Untersuchung aus. Wegen der Feuchtigkeit muss ich auf wasserfestem Papier schreiben. Zuerst notiere ich die Krabbenart. Hier

**Köder für Reusen**
Ein Fischer steckt Fischabfälle in eine Reuse.

»Die Nachfrage nach Meeresfrüchten nimmt weltweit zu – die Überwachung der befischten Populationen ist unerlässlich.«

**Felsenküste**
Die Shetlandinseln haben eine zerklüftete Küstenlinie mit engen Felsbuchten, den »Voes«.

gibt es braune oder essbare Krabben, schwimmende Samtkrabben und grüne oder Strandkrabben. Dann halte ich das Geschlecht der Krabbe und ihren Reproduktionszustand fest – die Weibchen tragen oft Eier. Ich messe schließlich noch den

Seeigel

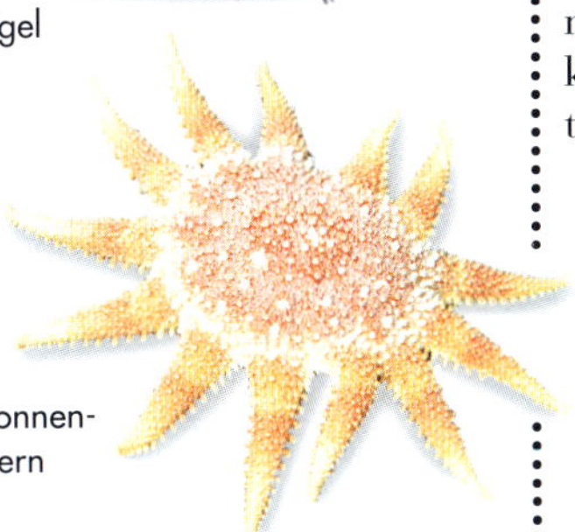

Sonnenstern

**Unerwünschter Beifang**
In den Reusen verfangen sich auch Seeigel, Seesterne, Drachenköpfe, Meeraale und Tintenfische, die ins Meer zurückgeworfen werden.

Rückenschild mit einer Schieblehre. Ist die Krabbe groß genug, lege ich sie in die Fangkiste des Fischers. Doch alle Krabben unter der gesetzlichen Mindestfanggröße (MLS) werden ins Meer zurückgeworfen. Um die Shetlandinseln beispielsweise entspricht die MLS bei braunen Krabben einer Rückenschildbreite von 140 mm. Einige der Krabben, die kleiner sind, lege ich beiseite, um sie später zu markieren.

**10:00** Während die Fischer emsig Löcher in den Reusenmaschen flicken, beginne ich mit dem Markieren. Zuerst bohre ich zwei Löcher durch das Außenskelett (die Schale) der Krabbe, dann ziehe ich ein Stück Nylonschnur hindurch, fädle eine kleine grüne Plastikmarke auf und sichere alles mit einem Kreuzknoten. Bevor ich die Krabbe wieder ins Meer werfe, notiere ich Markennummer, Größe und Geschlecht sowie unsere Position mit Hilfe des Global Positioning System. Wenn diese Krabbe wieder einmal gefangen wird, weiß ich, wie weit sie gewandert und wie sehr sie gewachsen ist.

**12:00** Wir machen Mittagspause. Ich trinke möglichst wenig, da es an Bord keine Toilette gibt! Dann arbeiten wir noch ein paar Stunden weiter, bis die Fischer zur Pier zurückfahren.

**Eier tragende Krabbe**
Diese schwimmende Samtkrabbe trägt etwa 275 000 Eier.

**16:00** Als wir wieder an Land sind, danke ich den Fischern für ihre Hilfe und fahre zu meinem Labor in Scalloway. Ich habe ein Eier tragendes Weibchen dabei, das ich in den großen Tank mit fließendem Meerwasser gebe. Morgen werde ich dann ihre Eier unter dem Mikroskop zählen – das können bis zu drei Millionen sein!

**17:00** Ich füttere die Krabben im Tank mit Muscheln, ihrer Lieblingsnahrung. Dabei bemerke ich, dass eine junge Krabbe ihre alte Schale abgeworfen hat. Großartig – das ist eine wertvolle Wachstumsinformation. Ich messe die Zunahme der Schalengröße – sie ist erheblich. Da die neue Schale noch weich ist, trenne ich diese Krabbe von den anderen, um sie zu schützen, bis ihr neues Außenskelett aushärtet.

**19:00** Nach dem Abendessen muss ich alle neuen Daten in meine Datenbank eingeben. Ich erforsche die Krabbenpopulationen der Shetlandinseln drei Jahre lang und werde dann der Shetland Fishermen's Association und der Shetland Shellfish Management Organisation einen Abschlussbericht vorlegen. Aufgrund meiner Befunde und Empfehlungen können sie dann entscheiden, ob Fischereikontrollmaßnahmen wie die MLS oder Fangverbotszonen geändert oder ergänzt werden müssen. Diese Vorschriften sind wichtige Instrumente zur Erhaltung der lokalen Krabbenbestände für die Zukunft.

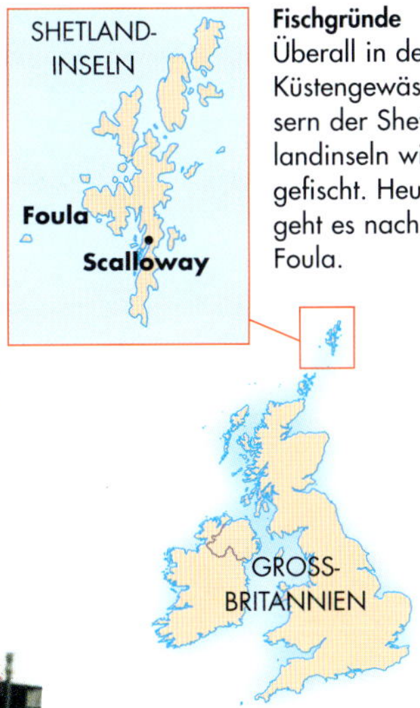


**Fischgründe**
Überall in den Küstengewässern der Shetlandinseln wird gefischt. Heute geht es nach Foula.

**Krabbengrößen messen**
Shelly misst die Breite jeder Krabbenschale mit ihrer Schieblehre.

# NAHRUNG FÜR MORGEN

DIE LANDWIRTSCHAFTLICHEN METHODEN MÜSSEN SICH ÄNDERN, WENN WIR DIE UMWELT ERHALTEN UND GENÜGEND GESUNDE Nahrungsmittel für alle Menschen anbauen wollen. Es werden bereits Feldfrüchte entwickelt, die Dürren überstehen oder gegen Schädlinge resistent sind. Diese Forschungen sowie ökologische Anbaumethoden werden uns dabei helfen, Tiere und Pflanzen besser zu schützen.

» Ökologische Anbaumethoden können oft ähnlich hohe Erträge erzielen wie die hoch technisierte Landwirtschaft. «

PATRICK HOLDEN, SOIL ASSOCIATION, ENGLAND

Die Hydrokultur ermöglicht den Anbau von Feldfrüchten ohne Boden. Diese Salate (großes Bild) gedeihen auf einem Kiesbeet mit einer chemischen Nährlösung. Doch immer mehr Menschen machen sich Sorgen um ihre Gesundheit. Das kleine Bild zeigt einen Demonstranten, der ein Versuchsfeld mit gentechnisch veränderten Feldfrüchten vernichtet.

Bunte Wildmaiskolben sehen ganz anders aus als die großen, gelben Kolben, die wir kennen.

# Saaten und

Seit den Anfängen des Ackerbaus vor etwa 10 000 Jahren verbessern die Bauern ihre Feldfrüchte und Viehbestände. Sie säen die Samen ihrer besten Pflanzen im nächsten Jahr aus oder wählen die stämmigsten Rinder, um sie zur Zucht zu verwenden. Jede Pflanze und jedes Tier enthält Gene – Erbinformationen, die Eigenschaften wie Größe, Gewicht oder Farbe von Generation zu Generation weitergegeben. Heutige Zuchtprogramme produzieren ständig neue und verbesserte Pflanzensorten und Tierrassen.

## Wilde Sorten

Die wilden Ahnen der heutigen Getreide, Früchte und Gemüse wachsen noch immer in ihren Herkunftsländern. In Peru etwa werden über 50 Kartoffelsorten angebaut. Diese heimischen Feldfruchtahnen sind wichtig für unsere Zukunft. Werden moderne Feldfrüchte von neuen Krankheiten befallen, müssen wir aus den Genen ihrer wilden Ahnen neue, stärkere Sorten züchten.

## Weltsaatenbänke

Zur Erhaltung der natürlichen Vielfalt von lebenden Pflanzen und Tieren (Artenvielfalt) werden Saatensammlungen angelegt. Die Pflanzensamen lassen sich bis zu 100 Jahre kühl lagern. Diese Saatenbanken dienen der Forschung und helfen Pflanzenzüchtern, neue Feldfrüchte zu züchten.

**Wilder Weizen**
Dieses wilde Gras hat kleine Ähren und Weizenkörner.

**Hartweizen**
Diese moderne, großkörnige Weizensorte liefert das Mehl für Pasta.

**Emmer**
Diese Hauptgetreidesorte der Römer hatte größere Samen als ihre wilde Ahnin.

## Wilde Ahnen

Getreide gehören zur Familie der Gräser. Die zierlichen, wilden Ahnen des Weizens hatten kleine Körner, die bei der Reife abfielen. Später wurden Sorten mit größeren Samen gezüchtet, die mehr Mehl ergaben und länger an der Ähre blieben, so dass beim Ernten weniger Körner verloren gingen. Moderner Weizen hat kürzere, weniger windanfällige Halme.

# Zuchten

Der letzte Auerochse, der wilde Ahne des modernen Rindes, starb 1627 in einem polnischen Wildreservat.

## Auswahl und Vielfalt

In englischen Obstgärten wuchsen einst Hunderte von Apfel- und Birnensorten. Heute verkaufen die meisten Läden nur etwa sechs der profitabelsten und verlässlichsten Sorten. Doch die zunehmende Nachfrage der Verbraucher ermutigt die Erzeuger, ungewöhnliche und traditionelle Sorten für lokale Märkte anzubauen.

**Highland**
Eine zähe, alte Rasse, die an kalten, regengepeitschten Berghängen lebt.

Nur 15 Nahrungspflanzen liefern den Großteil der Weltnahrung.

**Hereford**
Diese Rasse liefert mehr Fleisch und wird in 50 Ländern gehalten.

**Aberdeen Angus**
Diese Rinder liefern gute Steaks und sind rasch ausgewachsen.

## Schafrassen

Weltweit werden über 1,2 Milliarden Schafe und Ziegen wegen ihres Fleisches, ihrer Milch und ihrer Wolle gehalten. Diese Herde von Romney-Schafen ist an das milde Klima von Neuseeland angepasst, während das langohrige Awassis-Schaf die Hitze der Wüsten im Nahen Osten aushält.

**Jakob-Schaf**
Diese alte Rasse liefert gutes Fleisch und gute Wolle.

## Kreuzung von Tieren

Viehzüchter erschaffen durch Mischen der Gene verschiedener Rassen neue Rinder-, Schaf-, Schweine- und Geflügelarten. Ein Rinderzüchter könnte etwa das Männchen (Bulle) einer Rasse, die gutes Fleisch liefert, mit dem Weibchen (Kuh) einer anderen Rasse kreuzen, die gute Milch liefert.

BIOMILCHBAUER
JAMIE TAIT-JAMIESON

JAMIE TAIT-JAMIESON BEWIRTSCHAFTET EINE BIOMILCHFARM IN MANAWATU, NEUSEELAND. JAMIE KÜMMERT SICH VOR ALLEM UM DIE RICHTIGEN BEDINGUNgen für eine gesunde Weidewirtschaft. Er sorgt dafür, dass die Kühe in seiner Obhut stets genug zu fressen haben und frische, nahrhafte Milch liefern können.

## Ein Tag im Leben eines

# BIOMILCHBAUERN

Die Biomilchwirtschaft nimmt Rücksicht auf die Umwelt, das Wohlergehen der Herde und die Gesundheit der Verbraucher.

**Biofarm**
Die Farm liegt an den Ufern des Flusses Manawatu auf der Nordinsel von Neuseeland. Hier ist es das ganze Jahr mild bei ausreichend Regen.

**Jamie arbeitet** mit einem Dreierteam, das ihm hilft, die tägliche Farmarbeit im Schichtdienst zu bewältigen. Zwei Mal täglich und jeden Tag im Jahr werden die Kühe gemolken und die Kälber gefüttert.

**6:00** Für die Melker und für mich beginnt der Tag bei Sonnenaufgang. Zuerst setzen wir uns bei einer Tasse Tee zusammen, dann fahren wir zur Koppel, wo unsere Herde von 130 Holsteiner Kühen gerade erwacht. Ich wecke sie sacht, indem ich in die Hände klatsche.

Wir – also meine Frau, meine Tochter, eine weitere Helferin und ich – versuchen, die Kühe möglichst ruhig zu halten. Ohne Stress bleiben sie gesünder. Wir führen die Kühe von der Koppel in den Melkstall. Dabei dürfen sie nicht gehetzt werden oder zu enge Gruppen bilden, da sie sich mit ihren spitzen Hörnern verletzen könnten. Eine Kuh nach der anderen kommt auf eine drehbare Melkplattform, auf der 16 Kühe auf einmal gemolken werden. Ich stecke die Melkzylinder auf die vier Zitzen am Euter jeder Kuh. Behutsam wird die warme Milch abgesaugt, ganz ähnlich wie vom Maul eines Kalbes. Wenn die Plattform sich einmal langsam gedreht hat, haben die Kühe ihre Milch abgegeben. Meine Tochter Mara zieht die Zylinder von den Eutern und führt die Kühe von der Plattform.

**7:30** Die Milch wird in ein Kühlfass geleitet, wo sie auf 4 Grad abgekühlt wird. Später transportiere ich die gekühlte frische Milch zur Farmfabrik, wo sie zu Joghurt verarbeitet wird. Der durch ökologische Milchwirtschaft

**Melkzeit**
Die Kühe stehen geduldig da, während die Milch aus ihren Eutern abgesaugt wird. Jamie trägt beim Melken eine Plastikschürze.

**Teamarbeit**
Ein Team aus drei Personen, dem auch Jamies Frau und Tochter angehören, hilft ihm zwei Mal am Tag beim Melken und Kälberfüttern.

**Silage abladen**
Wetteränderungen müssen einkalkuliert werden, wenn überschüssiges Gras zur Herstellung von Silage zur richtigen Zeit gemäht werden soll.

erzeugte Joghurt ist in den Supermärkten von Neuseeland sehr gefragt.

**8:00** Sobald alle Kühe gemolken sind, wird die Herde auf eine frische Koppel gebracht, und der Stall und die Höfe werden mit einem Hochdruckschlauch von Kuhdung gesäubert. Das Schmutzwasser läuft über eine Abflussrinne in ein Klärbecken, wo sich wilde Enten und Schwäne tummeln. Am Boden der Rinne setzt sich der Dung ab, den ich einmal im Jahr mit einem Bagger beseitige. Er dient als natürlicher Dünger für unseren Gemüsegarten.

**9:00** Als Nächstes füttern wir die 20 Kälber. Beim Melken wird ein Teil der warmen Milch in einen Futterbehälter, die so genannte »Calfeteria« gefüllt. Mit dem Farmwagen ziehe ich sie auf die Koppel, wo sich die Kälber um die Gummizitzen drängeln und die Milch saugen. Wir behandeln viele Kälber wie Haustiere und geben ihnen Namen wie Pickle, Dot und Lottie. Meistens werden sie aber an der Nummernmarke erkannt, die bei der Geburt in einem Ohr angebracht wird.

**10:30** Nach dem Frühstück nehme ich den Traktor und belade den Anhänger mit Silage. Silage ist Gras, das im späten Frühjahr gemäht und in den Wintermonaten als Zusatzfutter verwendet wird. Ein schwerer Traktor fährt über das aufgehäufte geschnittene Gras, um die Luft herauszupressen. Der Haufen wird mit Plastikfolie zugedeckt, damit sich das Gras erwärmt und gärt. Diese Silage hat einen kräftigen, süßlichen Geruch. Die Kühe mögen sie, und manche werden ganz aufgeregt, wenn sie den Silagetraktor sehen – sie springen in die Luft und schlagen mit den Beinen aus! Der Silageanhänger wirft die Silage automatisch in Reihen auf der Weide aus.

**Futterzeit**
Die Kälber sind immer ganz gierig auf die warme Milch, die sie nach dem Melken aus der »Calfeteria« bekommen.

**Nummernmarken**
Alle Kälber bekommen bei der Geburt eine Identifikationsnummer ins Ohr.

**11:30** Nachdem ich die Kühe gefüttert habe und sie zufrieden sind, kümmere ich mich um die anderen Farmarbeiten. Eine Stunde lang überprüfe und repariere ich alle beschädigten Gatter oder Zäune um die Weiden.

**14:00** Nach der Mittagspause sehe ich nach einer Kuh mit einer Euterinfektion. Ich will wissen, ob sie auch frisst und trinkt. Wir behandeln alle kranken Kühe in der Herde nur mit homöopathischen Medikamenten. Wenn wir mit einem Problem nicht allein fertig werden, holen wir den Tierarzt. Nur Tiere, die sonst sterben würden, bekommen bei uns Antibiotika. Sie werden dann drei bis vier Wochen auf einer Quarantänekoppel gehalten. Danach kommen sie wieder zur Herde, aber ihre Milch wird ein Jahr lang nicht verwendet. Damit garantieren wir unseren Kunden, dass sie keine unerwünschten Antibiotikarückstände in ihrer Biomilch haben.

**15:00** Es wird Zeit, mit dem Nachmittagsmelken anzufangen und die Kälber wieder zu füttern. Zu meinen Aufgaben gehört es auch, dafür zu sorgen, dass wir neue Kühe bekommen, die das ganze Jahr kalben, um eine gleichmäßige Milchversorgung aufrechtzuerhalten.

**18:00** Als die Sonne untergeht, ist das Tagwerk auf der Farm getan. Ich freue mich schon auf einen erholsamen Schlaf.

» Mit dem Kauf von Bionahrung werden Bauern unterstützt, die mit umweltfreundlichen Produktionsmethoden arbeiten. «

**Frische Weiden**
Nach jedem Melken werden die Kühe auf eine neue Koppel gebracht, wo sie frisches Gras fressen können.

**Vorteile**
Dieses Maisfeld sieht wie jedes andere aus, aber der Mais wurde gentechnisch verändert. Zusätzliche Gene machen ihn resistent gegen ein Universal-Unkrautvernichtungsmittel, das der Bauer nur ein Mal versprühen muss, statt verschiedene Herbizide mehrmals. Das Unkraut wird vernichtet, der Mais nicht. Indem der Einsatz von Chemikalien reduziert wird, kann die Gentechnik der Umwelt nützen.

# Gentechnik-Debatte

Heute kann man die Eigenschaften von Feldfrüchten verändern, indem man Gene aus einer Pflanze in eine mit ihr überhaupt nicht verwandte andere Pflanze »einspleißt«. Mit dieser neuen Biotechnik wollen die Wissenschaftler gentechnisch veränderte Feldfrüchte schaffen, die gegen Schädlinge und Krankheiten resistent sind, auch auf ganz trockenen Böden gedeihen, mehr Energie oder Vitamine enthalten oder einfach besser schmecken und länger frisch bleiben. Aber die Gentechnik hat eine stürmische Debatte ausgelöst: Kann damit den Hungernden dieser Welt geholfen werden, oder schadet sie den Menschen und der Umwelt?

»Die Biotechnik kann ein entscheidender Faktor bei der Verbesserung von Qualität und Quantität der Nahrung sein.«

JOHN WOOD,
FOOD AND DRINK FEDERATION, ENGLAND

**Eingriffe in die Natur**
Diese Forscherin studiert in einem Forschungslabor eine gentechnisch modifizierte Tomatenpflanze. In einer Tomatensorte wurden diejenigen Gene verändert, die überreiche Früchte verschrumpeln und weich werden lassen. Die Frucht bleibt viel länger fest, frisch und appetitlich als normale Tomaten.

## Risiken

Viele Menschen machen sich Sorgen um die Auswirkungen der Gentechnik auf die menschliche Gesundheit. Andere befürchten, dass vom Wind oder von Insekten übertragene Pollen von gentechnisch veränderten Feldfrüchten sich mit normalen Feldfrüchten und wilden Pflanzen der gleichen Art kreuzen könnten. Mehr Feldversuche sind erforderlich, um gentechnisch veränderte Feldfrüchte zu testen.

Gentechnisch veränderter Mais muss viel weniger mit Herbiziden besprüht werden.

Insekten könnten Pollen von gentechnisch veränderten Pflanzen zu anderen Pflanzen bringen, die sich dann auch verändern.

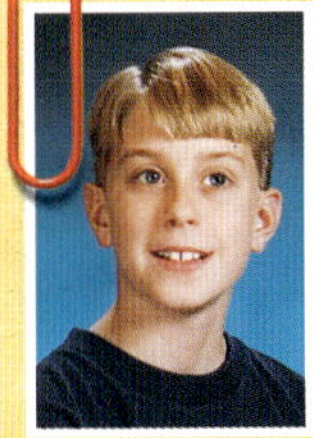

» Ich bin Mike aus Exton im US-Staat Pennsylvania. Ich glaube, dass wir gentechnisch veränderte Feldfrüchte erforschen sollten, weil sie der Menschheit nützlich sein können. Solche Nahrungsmittel dürfen aber erst vermarktet werden, wenn sie hundertprozentig sicher ist: Sie könnten Allergien und andere Gesundheitsrisiken verursachen. »Superpflanzen« könnten auch durch Kreuzung »Superunkräuter« erzeugen, die andere heimische Pflanzen vernichten würden, und so mehr Schaden anrichten als Gutes tun. «

## Nahrungsforschung

Gene in diesen Tomaten sollen bewirken, dass sie länger halten. In anderen Tests wurde das Vitamin-A-Gen einer Reissorte hinzugefügt, die in Asien angebaut wird; es soll den Einheimischen helfen, die infolge von Vitamin-A-Mangel erblinden. Andere Labors arbeiten an dürreresistenten Feldfrüchten für die Bauern in trockenen Regionen von Afrika.

## Etiketten

Nach Ansicht vieler Verbraucher sollte es eindeutig auf dem Etikett ausgewiesen sein, wenn gentechnisch veränderte Produkte in Lebensmitteln enthalten sind. Ziel der Gentechnik ist es auch, das Verpacken, die Lagerung und den Transport von Nahrungsmitteln zu vereinfachen. Wie praktisch wäre doch quadratisches Obst!

> » Ich glaube, die Risiken für Umwelt, Gesundheit und Landwirtschaft sind nicht wieder gutzumachen. «
>
> DR. SUE MEYER, GENEWATCH

## Protest

Auf der ganzen Welt demonstrieren die Menschen gegen eine zu rasche Einführung von gentechnisch veränderten Lebensmitteln – ohne ausreichende Sicherheitstests. Viele fürchten auch, dass Patente (Eigentumsrechte) auf gentechnisch veränderte Pflanzen großen Biotechnikfirmen zu viel Macht verschaffen. Sie verlangen strengere staatliche Kontrollen.

# WASSER-

In vielen Teilen der Welt leiden die Menschen unter Wasserknappheit. Die Verschwendung von Wasser und schlecht geplante Bewässerungssysteme haben verheerende Auswirkungen und Folgen für Dorfgemeinschaften sowie für die Umwelt. Wir brauchen sauberes, frisches Trinkwasser, Wasser für sanitäre Anlagen sowie zur Bewässerung von Feldern und für das Vieh. Dürren lassen sich nicht verhindern, aber sogar kleine Regenmengen reichen lange, wenn sie sorgfältig gesammelt und gespeichert werden.

**Kostbare Ressource**
Viele Menschen in Westafrika beziehen frisches Trinkwasser nur aus dem Dorfbrunnen, wo es aus großer Tiefe heraufgepumpt wird. Das Wasser in offenen Brunnen und Bächen ist oft von tierischem und menschlichem Unrat verschmutzt. Dank internationaler Hilfe werden viele Brunnen gebohrt, um die Dörfer mit sauberem, gesundem Wasser zu versorgen.

»Etwa 20 Prozent der Weltbevölkerung hat keinen Zugang zu sicherem Trinkwasser.«

EARTHSCAN 2000, UMWELTPROGRAMM DER VEREINTEN NATIONEN

**Versiegte Einnahmequellen**
Fischerboote am Aralsee liegen wegen eines gescheiterten Bewässerungsprojektes an Land.

**Sterbender See**
Der Aralsee in Westasien war einer der größten Seen der Welt. Aber bei groß angelegten Bewässerungsprojekten in den sechziger Jahren leitete Russland die Flüsse um, die ihn speisten. Heute hat der Aralsee zwei Drittel seines Wassers verloren, die Wüste ist zurückgekehrt, Salz bedeckt das ausgetrocknete Seebett, und die Fischgründe sind ruiniert.

# KRISE

## Vergiftetes Land

Über 30 Jahre lang wurden dem Indus in Pakistan Milliarden Liter Wasser für Bewässerungssysteme entnommen. Nun droht eine Umweltkatastrophe. Aus dem Ackerland wurden großenteils unfruchtbare Salzwüsten – mineralische Salze im Boden gelangten an die Oberfläche, als das Wasser verdunstete. Diese steinharte Schicht ist nicht mehr umzupflügen und für Pflanzen giftig.

Regenfeldbautechniken in den Trockenregionen von Indien haben den **Fluss** Arvari **wiederbelebt**.

EXPERIMENT

### WIE SICH SALZWÜSTEN BILDEN

**Was ihr braucht:** saubere Plastikschale, Kochsalz, Erde, Gummihandschuhe, Gießkanne, Lupe.

**1 GEBT ETWA** 1 cm Salz in die Schale und bedeckt es mit 5 cm Erde. Drückt die Erde fest zusammen.

**2 BEWÄSSERT DIE** Erde gründlich. Stellt die Schale auf ein warmes, sonniges Fensterbrett. Bewässert die Erde erneut, wenn sie austrocknet. Wiederholt dieses Verfahren zwei Wochen lang.

**3 ÜBERPRÜFT DIE** Erdoberfläche jeden Tag mit der Lupe. Nach ein paar Tagen tauchen winzige Salzkristalle auf. Nach zwei Wochen ist die ganze Oberfläche von einer harten Salzkruste bedeckt.

**Der Versuch zeigt:** Wasser kann Salze im Boden lösen, sie an die Oberfläche holen und dort zurücklassen, wenn es verdunstet.

**Nach dem Anfassen von Erde stets die Hände waschen!**

## Wasser sparen

Neue Anbaumethoden wie die Hydrokultur erlauben es den Bauern, ihre Treibhauskulturen sparsamer zu bewässern. So werden Tomatenpflanzen ohne Erde in Säcken voller Kies gezogen. Nährstoffhaltiges Wasser wird – genau dosiert – direkt zu den Pflanzenwurzeln gepumpt.

## Feldfruchtkreise

Diese Feldfrüchte im US-Staat Oregon sind wegen der speziellen Bewässerungsmethode kreisförmig angebaut. Bleibt der Regen aus, dreht sich ein langes Wasserrohr auf Rädern mit weichen Reifen (zum Schutz des Bodens) um eine Mittelachse und besprüht dabei die Feldfrüchte.

## Regenfeldbau

Niedrige Erd- oder Steindämme, so genannte Johads, an Hanganbauflächen in Indien halten kostbares Regenwasser zurück und lassen es im Boden versickern. Die Feldfrüchte nutzen das gespeicherte Wasser sogar in Trockenzeiten.

**BERATER FÜR ÖKO-LANDBAU**
GÖTZ DANIEL

GÖTZ DANIEL ARBEITET ALS BERATER IN EINEM VEREIN FÜR ÖKOLOGISCHEN LANDBAU – EINE LANDWIRTSCHAFT, DIE MIT DER NATUR ARBEITET UND KEINE chemischen Gifte und Düngemittel benutzt. Organischer Pflanzenbau, ökologische Tierhaltung und die Förderung von wilden Pflanzen und Tieren gehören dazu.

## Ein Tag im Leben eines Beraters für

# ÖKOLOGISCHEN LANDBAU

Die ökologisch wirtschaftenden Bauern wollen ihre umweltschonende Landwirtschaft durch Öko-Berater verbessern.

**Biolandwirtschaftsregion**
Götz hat sein Büro in Bordesholm und besucht Biobauern in ganz Schleswig-Holstein.

**Heute** muss Götz zuerst ins Büro und hat für den Nachmittag Besuche auf Bauernhöfen vereinbart. Der erste Bauer möchte einen neuen Schweinestall bauen, der die Umwelt nicht belastet und in dem sich die Tiere wohl fühlen. Auf dem zweiten Hof soll überlegt werden, wie man mehr Naturschutz auf den Feldern verwirklichen kann, so dass mehr wild lebende Tiere einen Lebensraum haben.

**Optische Hilfe**
Anhand dieser Schautafel erklärt Götz den Bauern den Fruchtwechsel.

**8.00 Uhr** Ich beginne den Tag mit Arbeiten im Büro. Vormittags können dort die Landwirte anrufen, um Fragen zum ökologischen Landbau beantwortet zu bekommen. Außerdem sind wir Berater, wenn wir unterwegs sind, bei dringenden Fragen über Funktelefon zu erreichen. Im Büro werden alle Materialien zum Ausleihen, wie Computerprogramme und Bücher zum ökologischen Landbau aufbewahrt. Jeden Monat erscheint eine Öko-Landbau-Zeitung für die Mitglieder, in der jeder Berater einige Artikel schreibt. Ich bin für die Bereiche ökologische Schweinehaltung, Pflanzenanbau und Naturschutz zuständig. Meine Kollegen bearbeiten die Bereiche Gemüseanbau, Rinder- und Hühnerhaltung.

Ringelnatter

**Lebensräume wilder Tiere**
Auf Steinen, die an Feldränder gelegt werden, können sich Schlangen, Eidechsen und Spinnen in der Sonne wärmen.

**9.00 Uhr** Ich schreibe einen Artikel wie man am Besten Frösche beim Mähen der Wiesen schont. Wiesen müssen gemäht werden, um Heu für die Kühe im Winter zu machen. Viele Bauern nutzen dafür eine Maschine, die wie ein großer Rasenmäher funktioniert. Das schnell drehende Messer schneidet das Gras ab, und tötet leider auch viele Frösche und andere kleine Tiere, wie z. B. Heuschrecken. Leider gibt es auch deshalb hier nicht mehr so viele Störche, die die Frösche als Nahrung brauchen. Ich schreibe daher, dass es besser ist, Mäher einzusetzen, die an einem Arm viele kleine Scheren haben, womit das Gras vorsichtig abgeschnitten wird. Die Frösche können sich tief im Gras verstecken, so dass sie vom

**Frösche**
Bauern tragen zum Schutz von Froschpopulationen bei.

**Tümpelleben**
Wenn Bauern die Tümpel in ihren Feldern erhalten, bieten sie Fröschen und vielen Insektenarten Lebensräume.

» Wenn die Bauern unsere Umwelt mit Hilfe der Landwirtschaft für die Zukunft erhalten wollen, müssen sie mit der Natur arbeiten und nicht gegen sie. «

Balkenmäher nicht so leicht erreicht werden.

**10.30 Uhr** Einen zweiten Artikel schreibe ich zur Schweinefütterung auf dem Biohof. Die Schweine sollten ein Futter bekommen, dass ihnen schmeckt und gesund ist. Natürlich sollen sie gut wachsen und nicht zu fett werden. Um alle diese Ziele zu erreichen, beschreibe ich eine Futtermischung für die kleinen und eine für die großen Schweine. Es besteht aus selbst produziertem Futter aus Getreide, Erbsen, Ackerbohnen und Kleegras, das ohne Einsatz von chemischen Pflanzenschutzmitteln und chemischen Düngern produziert wurde.

**Bioschweinezucht**
Manche Bioschweinezüchter halten ihre Schweine auf Freiflächen.

**11.30 Uhr** Zwischendurch ruft ein Landwirt an, um zu erfahren wann Ackerbohnen gesät werden dürfen. Ich antworte, dass sie normalerweise Anfang März gesät werden sollten, damit sie früh blühen. Bei einer frühen Blüte ist die Gefahr des Befalls mit Läusen in der Blüte nicht so hoch, da sich die Läuse später im Jahr entwickeln. So kann im ökologischen Landbau eine gute Ernte gesichert werden. Da Ökobauern keine chemischen Insektenvernichtungsmittel einsetzen, müssen die Schädlinge mit anderen Maßnahmen, z. B. einer frühen Saat überlistet werden. Ich gebe jetzt den Rat, nur die Hälfte des Feldes mit Ackerbohnen zu bestellen und auf dem Rest der Fläche Erbsen zu säen, um das Risiko einer Missernte durch Läuse zu verringern.

**12.30 Uhr** Nach einer kurzen Mittagspause fahre ich zu einem Bauernhof, um zu überlegen, wie ein neuer Schweinestall aussehen könnte. Der alte Stall ist dunkel und etwas eng. Der Landwirt möchte einen neuen Stall bauen, um mehr Schweine halten zu können. Um der Umwelt möglichst wenig zu schaden, empfehle ich, einen Stall mit teilweise offenen Wänden zu bauen. Da dieser Stall nicht beheizt werden muss, spart er viel Energie ein und belastet die Umwelt nicht. Damit die Schweine in der kalten Jahreszeit nicht frieren, bauen sie sich selbst ein warmes Nest mit viel Stroh, in das sie sich zum Schlafen zurückziehen.

**16.30 Uhr** Auf dem Weg nach Hause fahre ich bei dem zweiten Bauern vorbei. Wir überlegen, ob wir für die Natur und die wild lebenden Tiere und Pflanzen noch mehr machen können. Da eine Ackerfläche zwischen zwei Waldstücken sehr groß ist, schlage ich vor, diese durch eine Hecke mit vielen verschiedenen Sträuchern zu teilen und so gleichzeitig die Waldstücke zu verbinden. Eine Hecke hat viele positive Auswirkungen auf die Natur. Da hier viele verschiedene Pflanzen stehen, können viele Tiere wie Insekten – z. B. Marienkäfer und Schwebfliegen –, aber auch Vögel, Frösche und Säugetiere, wie z. B. der Igel und der Fuchs, leben. Die Hecke wirkt zudem als Brücke für viele Tiere, die von dem einen Waldstück zum anderen kommen möchten. Für den Öko-Bauern ist die Natur sehr wichtig. Der Landwirt möchte daher die vorgeschlagene Hecke mit Hilfe einer Schulklasse anlegen lassen.

**Vogelschutz**
Ökologische Forstwirtschaft erhält die Populationen lokaler Vogelarten, etwa der Goldammer.

**18.30 Uhr** Zu Hause: Nach dem Abendbrot setze ich mich noch eine Stunde an den Computer, um E-Mails von Beraterkollegen des ökologischen Landbaus zu lesen und um im Internet Literatur zum Thema Naturschutz im Ökolandbau zu suchen.

**Hecken sind Lebensräume**
Hecken geben wilden Tieren und Pflanzen Platz zum Leben- wichtig für den Naturschutz.

**Pfade für Tiere**
Den Schutz der Hecken können wilde Tiere wie der Rotfuchs für ihre Schleichwege nutzen.

## Wilde Tiere schützen

Viele Bauern lassen einen breiten Streifen von natürlicher Vegetation um ihre Felder stehen. Neben Hecken, Bäumen und Wäldchen sind diese pestizidfreien Bereiche reich an Gräsern und Blüten, die den Insekten, Vögeln und anderen Tieren Nahrung und Schutz bieten.

**Frösche**
Frösche bekämpfen Nacktschnecken – weit verbreitete Feldfruchtschädlinge.

**Igel**
In naturbelassenen Gebieten machen Igel Jagd auf Nacktschnecken und Insekten.

**Vögel**
Drosseln und andere Vögel ernähren sich von Schnecken und Insekten.

# ARBEITEN *mit der* Natur

Viele Bauern in den hoch entwickelten Ländern verwenden keine Pestizide und Kunstdünger mehr und praktizieren einen natürlicheren Anbau. Der Biolandbau erzielt kleinere Ernten als die intensive Landwirtschaft, und daher können die Produkte teurer sein. Doch manche Verbraucher zahlen lieber mehr für chemiefreie Nahrung. Die Bauern in Entwicklungsländern können ihre Produktion auf schlechten Böden durch kombinierten Anbau steigern. Diese Anbaumethode schützt das Land, da Nährstoffe in die Erde zurückgelangen, und erhält auch die Umwelt.

Tierischer Dünger (Gülle) lässt sich aus einem Tank versprühen.

## Natürlicher Dünger

Die Bauern halten oft Tiere und düngen das Land mit ihrer Gülle, einer natürlichen Quelle von Stickstoff und anderen Chemikalien, die gesunde Feldfrüchte benötigen. Die Bodenfruchtbarkeit lässt sich auch durch Unterpflügen von Kompost und durch den Fruchtfolgeanbau verbessern.

Papaya

## Felder mit Bäumen

In heißen Klimazonen, wo die Sonne den Boden austrocknen und junge Feldfrüchte versengen kann, pflanzen viele Bauern Obstbäume in ihren Feldern an. Dieses System heißt »Agroforestry«. Papayabäume bieten viel Schatten und Windschutz für dieses Maisfeld in Polynesien. Der Bauer kann die Früchte von den Bäumen sowie sein Getreide ernten.

## NATÜRLICHES RECYCLING

EXPERIMENT

**Was ihr braucht:** Paprikaschote, Messer, Klarsichttüte, Tütenverschluss.

**1 HALBIERT DIE SCHOTE.** Lasst die eine Hälfte ein paar Stunden unbedeckt liegen. So können mikroskopisch kleine Schimmelsporen in der Luft auf der weichen inneren Oberfläche der Schote landen.

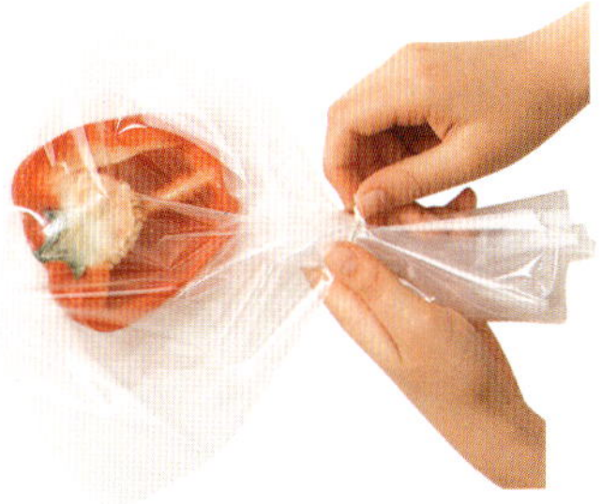

**2 GEBT DIE SCHOTE** in die Tüte und verschließt sie. Legt die Tüte an einen warmen Ort.

**3 SEHT EUCH** die Schote jeden Tag an. Nach etwa zwei Wochen ist die Schote verschrumpelt und von grauem oder grünem Schimmel überzogen – einer Art Pilz.

**Der Versuch zeigt:** Stirbt eine Pflanze, werden ihre Überreste von Pilzen, Bakterien und anderen Kleinorganismen zerlegt. In der Natur gelangen bei diesem Prozess alle Nährstoffe in den Boden zurück.

> »Wildtiere sind kein Luxus für den Biobauern, sondern ein wesentlicher Teil des Anbausystems.«
>
> SOIL ASSOCIATION, ENGLAND

Biolebensmittel weisen die größte Umsatzsteigerung auf dem Lebensmittelmarkt auf.

Enten in Reisfeldern dienen der Schädlingsbekämpfung.

## Hilfreiche Tiere

Viele chinesische Reisbauern züchten auch Enten und Gänse wegen ihres Fleisches und ihrer Eier. Sie halten die Vögel in Reisfeldern, wo sie Unkraut und Insektenlarven fressen. Ihr Kot düngt die Felder. In manchen überschwemmten Reisfeldern werden auch Fische als zusätzliche Nahrungsquelle gehalten.

## Doppelter Nutzen

Bauern können schlechte Böden durch »Intercropping« verbessern. Dabei werden zwei verschiedene Feldfrüchte nebeneinander angebaut. Hier wechseln sich Sommerweizen mit Bohnen ab, die Nahrung und Blätter für Tierfutter liefern und den Boden verbessern.

# AKTIONSPLAN

WENN IHR EUCH GEDANKEN UM DIE ZUKUNFT unserer Erde macht und dazu beitragen wollt, die natürliche Umwelt zu erhalten, stehen euch viele Organisationen mit Rat und Tat zur Seite. Diese Liste enthält einige deutsche und internationale Organisationen, die ihr anschreiben oder im Internet besuchen könnt.

**Aktionsgemeinschaft Artenschutz e.V.**
Ziel dieser Organisation ist es, die wild lebenden Tiere vor der Ausrottung und ihre Lebensräume vor Zerstörung zu schützen.

www.aga-international.de

Tulpenstr. 1
70825 Korntal-Münchingen

**ArbeitsGemeinschaft Ökologischer Landbau e.V. (AGÖL)**
Die Organisation der Verbände des ökologischen Landbaus in Deutschland.

www.agoel.de

Brandschneise 1
64295 Darmstadt

**Arbeitskreis für humanen Tierschutz und gegen Tierversuche e.V.**
Diese Organisation befasst sich mit den Themen Massentierhaltung, Tiertransporte, Tierversuche und Schächten.

www.tierschutz-online.de

Am Köllnischen Park 1
10179 Berlin

**Bioland**
Ein Zusammenschluss von 3 500 Biobauern in Deutschland.

www.bioland.de

Bundesverband
Kaiserstr. 18
55116 Mainz

**Bundesverband für fachgerechten Natur- und Artenschutz e.V. (BNA)**
Der bundesweite Dachverband der Tier- und Pflanzenhalter vertritt etwa 130 000 Mitglieder.

www.bna-ev.de

Postfach 1110
Am Friedhof 4
76707 Hambrücken

**Bund für Umwelt und Naturschutz Deutschland e.V. (BUND)**
Die deutsche »Bürgerbewegung für die Natur« hat 229 000 Mitglieder in 2 100 Orts- und Kreisgruppen.

www.bund.net

Am Köllnischen Park 1
10179 Berlin

**Bundesamt für Naturschutz**

www.bfn.de

Konstantinstr. 110
53179 Bonn

**Bundesministerium für Ernährung, Landwirtschaft und Forsten (BML)**

www.bml.de

Postfach 14 02 70
53107 Bonn

**Bundesministerium für Umwelt, Naturschutz und Reaktorsicherheit (BMU)**

www.bmu.de

Alexanderplatz 6
10118 Berlin

**Demeter-Bund e.V.**
Vermittelt Kontaktadressen für den Einkauf biologischer Produkte.

www.demeter.de

Brandschneise 2
64295 Darmstadt

**Deutscher Naturschutzring (DNR)**
Der Dachverband der deutschen Natur- und Umweltschutzverbände.

www.dnr.de

Am Michaelshof 8-10
53177 Bonn Bad Godesberg

**Deutsches Tierhilfswerk e.V. (DTHW)**
Die Tierhilfswerke helfen gezielt und direkt im nationalen und internationalen Tier- und Artenschutz.

www.tierhilfswerk.de

Waldmeisterstr. 95b
80935 München

**Environmental Investigation Agency (EIA)**
Diese Organisation bemüht sich, den illegalen Tierhandel und das Abholzen der Wälder zu stoppen.

www.eia-international.org

69 Old Street
London EC1V 9HX
Großbritannien

**Food and Agriculture Organization (FAO)**
Die Ernährungs- und Landwirtschaftsorganisation der UNO.

www.fao.org

Regional Office für Europa
Viale delle Terme di Caracalla
I-00100 Rom, Italien

**Friends of the Earth International (FoEI)**
Ein Netzwerk von Umweltgruppen, die Kampagnen gegen die Klimaveränderung und das Abholzen von Wäldern durchführen.

www.foei.org

PO Box 19199
NL-1000 GD Amsterdam
Holland

**Greenpeace e.V.**
Diese führende Umweltorganisation macht u.a. auf die Risiken genmanipulierter Nahrung aufmerksam und setzt sich für die Erhaltung der Tiere und ihrer Habitate ein.

www.greenpeace.de

Große Elbstraße 39
22767 Hamburg

**International Federation of Organic Agriculture Movements (IFOAM)**
Der Weltdachverband der Bewegung für den ökologischen Landbau.

www.ifoam.org

c/o Ökozentrum Imsbach
66636 Tholey-Theley

**Naturdetektive**
Schüler sollen mit dieser Initiative von Schulen ans Netz e.V. angeregt werden, Tiere und Pflanzen zu beobachten und neue Lebensräume für sie zu schaffen.

www.naturdetektive.de

**Naturland – Verband für naturgemäßen Landbau e.V.**
Einer der großen Verbände des ökologischen Landbaus in Deutschland.

www.naturland.de

Kleinhaderner Weg 1
82166 Gräfelfing

**Naturschutzbund Deutschland e.V. (NABU)**
Der in allen deutschen Bundesländern mit etwa 1 500 Orts-, Kreis- und Fachgruppen vertretene Naturschutzbund hat rund 270 000 Mitglieder.

www.nabu.de

Herbert-Rabius-Straße 26
53225 Bonn

**Pronatur-Versand**
Liefert Zutaten und Geräte zum Selberbacken von Biobrot.

www.pronatur-versand.de

Enzstr. 7
76694 Forst

**Schweizerische Gesellschaft für Tierschutz / Pro Tier**
Diese Organisation setzt sich in der Schweiz für die artgerechte Tierhaltung ein und vermittelt Tierpatenschaften.

www.protier.ch

Alfred-Escher-Str. 76
CH-8002 Zürich
Schweiz

**Umweltbundesamt**

www.umweltbundesamt.de

Bismarckplatz 1
14193 Berlin

**United Nations Environmental Programme (UNEP)**
Das Umweltprogramm der Vereinten Nationen.

www.unep.org

Deutsches Komitee
Adenauerallee 214
53113 Bonn

**World Conservation Union (IUCN)**
Diese Organisation fördert den Schutz von Habitaten, Wildtieren und natürlichen Ressourcen.

www.iucn.org

Rue Mauverney 28
CH-1196 Gland
Schweiz

**Worldwide Fund for Nature (WWF)**
Die größte unabhängige Naturschutzorganistation der Welt zur Erhaltung bedrohter Tiere und ihrer Habitate.

www.wwf.de

WWF-Deutschland:
Rebstöcker Straße 55
60326 Frankfurt

# Register



# Danksagung


## Dorling Kindersley dankt

Amanda Carroll, Robin Hunter, Keith Newell und Mark Regardsoe für die grafische Gestaltung; Lynn Bresler für das Register; Steve Gorton für das Fotografieren der Experimente sowie dem Handmodel Emily Gorton.

Ferner danken wir den Experten und ihren Organisationen, die viele Fotos kostenlos beigesteuert haben: Götz Daniel (Landwirtschaftsberater), Beth Grafton-Cardwell/Kearney Agricultural Center, University of California (Entomologin), Henriette Howard/Médecins sans Frontières (Ernährungshelferin), Jamie Tait-Jamieson/Biofarm (Biomilchbauer) und Shelly Tallack (Fischereibiologin).

Der Autor dankt The Pesticide Trust; Rudolf L. Schreiber von Pronatur, Deutschland; der Sea Fish Industry Authority, England; und dem Worldwide Fund for Nature.

Weitere Fotografen: Geoff Brightling, Jane Burton, Martin Cameron, Peter Chadwick, Andy Crawford, Pöhilip Dowell, Neil Fletcher, Steve Gorton, Frank Greenaway, Dave King, Stuart Lafford, Cyril Laubscher, Andrew McRobb, David Murray, Ian O'Leary, Dave Rudkin, Tim Ridley, Karl Shone, Kim Taylor.

### Bildnachweise

*Der Verlag dankt den folgenden Personen und Institutionen für die freundliche Erlaubnis, ihre Fotos abzudrucken* (o = oben, M = Mitte, l = links, r = rechts, g = ganz oben, a = außen, n = neben):

**The J. Allan Cash Photolibrary:** 31gM. **Bruce Coleman Ltd:** 6–7, 24; Gunter Kohler 2–3, 46–47, 62–63; Kim Taylor 52–53; Pacific Stock 57ul. The J. Allan Cash Photolibrary: 31gM. Bruce Coleman Ltd: 6–7, 24; Gunter Kohler 2–3, 46–47, 62–63; Kim Taylor 52–53; Pacific Stock 57ol. **Corbis UK Ltd:** Boca Raton 21Ml; David Reed 38ul; George McCarthy 55Ml; Jim Richardson 33gl; Jonatha Blair 18gr; Kevin Schafer 43–44; Liba Taylor 19Ml; Michael Callan 55gr; Nevada Wier 53gl; Otto Lang 28–29; Roger Ressmeyer 15ur. **Centre for Science and Environment, Indien:** 53ul. **Ecoscene:** Andrew Brown 33gr; Chinch Gryniewicz 27gM; Hart 57ur; Mike Whittle 57gl. **Environmental Images:** Steve Morgan 11ul. **Garden and Wildlife Matters:** 6gl, 10–11. **Robert Harding Picture Library:** 13Mr. **Holt Studios International:** D. Donne Bryant 27uM; Inga Spence 14–15, 21ur, 32, 33u, 34gl, 38–39, 46gl; Julia Chalmers 38Mu; Mary Cherry 47ul; Michael Major 29gr, 46ul; Nigel Cattlin 7gr, 26–27, 27Ml, 34,35u, 34–35g, 44, 53Ml, 56ur; Sue Llewellyn 29Mr. **Hutchison Library:** 16gr, 29gl; Jeremy Horner 27M; Jon Burbank 23u; Philip Wolmuth 22gl. **Image Bank:** 17gl; Michael Melford 53ur; Stuart Pee 23Mr. **FLPA – Images of Nature:** Alwyn Roberts 39gr; R. Hosking 8–9. **N.B.P.A.:** David Woodfall 56gl. **Planet Earth Pictures:** Thomas Wiewandt 31Ml. **Rex Features:** 33Ml; Christiana Laruffa 17ur; Sipa Press 12gr. **Science Photo Library:** Chris Knapton 50–51; Victor Habbick Visions 51Mr. **Still Pictures:** Adrian Arbib 44–45; B & C Alexander 41ur; Edward Parker 41ul; Gerard u. Margi Moss 15M; Gil Moti 52u; Hartmut Schwarzbach 16–17, 17gr, 17Mo; Joerg Boethling 12; Juan Carlos 41gr; Mark Edwards 13gl, 14gl, 20l, 24–25, 40gl, 41gM, 52gl, 58–59; Nick Cobbing 51u; Nigel Dickinson 22Mr; Pierre Gleizes 23gl; Robert Holmgren 50u, 51M; Shehzad Noorani 31ul; Thomas Raupach 40u. **Tony Stone Images:** Arnulf Husmo 28gl; Jake Rajs 47gl; Ken Fisher 12–13; Michel Rosenfeld 21ul, 35M; Rex A. Butcher 13gr.

*Cover*
**Corbis UK Ltd:** David Reed Rückseite Mro. **Garden and Wildlife Matters:** Vorderseite **M. Holt Studios International:** D. Donne Bryant Rückseite uM; **Hutchison Library:** Jeremy Horner Rückseite ul. **FLPA – Images of Nature:** R. Hoskin Vorderseite uM. **Science Photo Library:** Victor Habbick Visions Rückseite Mlu. **Still Pictures:** Gerard u. Margi Moss Rückseite Mlo; Nigel Dickinson Vorderseite ul; Robert Holmgren Vorderseite ur.